ALBANÊS
VOCABULÁRIO

PALAVRAS MAIS ÚTEIS

PORTUGUÊS ALBANÊS

Para alargar o seu léxico e apurar
as suas competências linguísticas

3000 palavras

VOCABULÁRIO ALBANÊS
palavras mais úteis

Os vocabulários da T&P Books destinam-se a ajudar a aprender, a memorizar, e a rever palavras estrangeiras. O vocabulário contém mais de 3000 palavras de uso comum organizadas tematicamente.

O vocabulário contém as palavras mais comummente usadas
Recomendado como adicional para qualquer curso de línguas
Satisfaz as necessidades dos iniciados e dos alunos avançados de línguas estrangeiras
Conveniente para o uso diário, sessões de revisão e atividades de auto-teste
Permite avaliar o seu vocabulário

Características especias do vocabulário

* As palavras estão organizadas de acordo com o seu significado, e não por ordem alfabética
* As palavras são apresentadas em três colunas para facilitar os processos de revisão e auto-teste
* As palavras compostas são divididas em pequenos blocos para facilitar o processo de aprendizagem
* O vocabulário oferece uma transcrição simples e adequada de cada palavra estrangeira

O vocabulário contém 101 tópicos incluindo:

Conceitos básicos, Números, Cores, Meses, Estações do ano, Unidades de medida, Roupas & Acessórios, Alimentos & Nutrição, Restaurante, Membros da Família, Parentes, Caráter, Sentimentos, Emoções, Doenças, Cidade, Passeios, Compras, Dinheiro, Casa, Lar, Escritório, Trabalho no Escritório, Importação & Exportação, Marketing, Pesquisa de Emprego, Desportos, Educação, Computador, Internet, Ferramentas, Natureza, Países, Nacionalidades e muito mais ...

TABELA DE CONTEÚDOS

Vocabulário Português-Albanês - 3000 palavras

Por Andrey Taranov

Os vocabulários da T&P Books destinam-se a ajudar a aprender, a memorizar, e a rever palavras estrangeiras. O dicionário é dividido em temas, cobrindo todas as principais esferas de atividades quotidianas, negócios, ciência, cultura, etc.

O processo de aprendizagem, utilizando os dicionários baseados em temáticas da T&P Books dá-lhe as seguintes vantagens:

• Informação de origem corretamente agrupada predetermina o sucesso em fases subsequentes da memorização de palavras
• Disponibilização de palavras derivadas da mesma raiz, o que permite a memorização de unidades de texto (em vez de palavras separadas)
• Pequenas unidades de palavras facilitam o processo de estabelecimento de vínculos associativos necessários para a consolidação do vocabulário
• O nível de conhecimento da língua pode ser estimado pelo número de palavras aprendidas

Copyright © 2018 T&P Books Publishing

T&P Books Publishing
www.tpbooks.com

ISBN: 978-1-78767-051-8

Este livro também está disponível em formato E-book.
Por favor visite www.tpbooks.com ou as principais livrarias on-line.

GUIA DE PRONUNCIAÇÃO

Alfabeto fonético T&P **Exemplo albanês** **Exemplo Português**

[a]	flas [flas]	chamar
[e], [ɛ]	melodi [mɛlodí]	mover
[ə]	kërkoj [kərkój]	milagre
[i]	pikë [píkə]	sinónimo
[o]	motor [motór]	lobo
[u]	fuqi [fucí]	bonita
[y]	myshk [myʃk]	questionar
[b]	brakë [brákə]	barril
[c]	oqean [ocɛán]	Tchim-tchim!
[d]	adoptoj [adoptój]	dentista
[dz]	lexoj [lɛdzój]	pizza
[dʒ]	xham [dʒam]	adjetivo
[ð]	dhomë [ðómə]	[z] - fricativa dental sonora não-sibilante
[f]	i fortë [i fórtə]	safári
[g]	bullgari [buɫgarí]	gosto
[h]	jaht [jáht]	[h] aspirada
[j]	hyrje [hýrjɛ]	géiser
[ʝ]	zgjedh [zʝɛð]	jingle
[k]	korik [korík]	kiwi
[l]	lëviz [ləvíz]	libra
[ɫ]	shkallë [ʃkáɫə]	álcool
[m]	medalje [mɛdáljɛ]	magnólia
[n]	klan [klan]	natureza
[ɲ]	spanjoll [spaɲóɫ]	ninhada
[ŋ]	trung [truŋ]	alcançar
[p]	polici [politsí]	presente
[r]	i erët [i érət]	riscar
[ɾ]	groshë [gróʃə]	preto
[s]	spital [spitál]	sanita
[ʃ]	shes [ʃɛs]	mês
[t]	tapet [tapét]	tulipa
[ts]	batica [batítsa]	tsé-tsé
[tʃ]	kaçube [katʃúbɛ]	Tchau!
[v]	javor [javór]	fava
[z]	horizont [horizónt]	sésamo
[ʒ]	kuzhinë [kuʒínə]	talvez
[θ]	përkthej [pərkθéj]	[s] - fricativa dental surda não-sibilante

ABREVIATURAS
usadas no vocabulário

Abreviaturas do Português

adj	-	adjetivo
adv	-	advérbio
anim.	-	animado
conj.	-	conjunção
desp.	-	desporto
etc.	-	etecetra
ex.	-	por exemplo
f	-	nome feminino
f pl	-	feminino plural
fem.	-	feminino
inanim.	-	inanimado
m	-	nome masculino
m pl	-	masculino plural
m, f	-	masculino, feminino
masc.	-	masculino
mat.	-	matemática
mil.	-	militar
pl	-	plural
prep.	-	preposição
pron.	-	pronome
sb.	-	sobre
sing.	-	singular
v aux	-	verbo auxiliar
vi	-	verbo intransitivo
vi, vt	-	verbo intransitivo, transitivo
vr	-	verbo reflexivo
vt	-	verbo transitivo

Abreviaturas do albanês

f	-	nome feminino
m	-	nome masculino
pl	-	plural

CONCEITOS BÁSICOS

1. Pronomes

eu	Unë, mua	[unǝ], [múa]
tu	ti, ty	[ti], [ty]
ele	ai	[aʃ]
ela	ajo	[ajó]
ele, ela (neutro)	ai	[aʃ]
nós	ne	[nɛ]
vocês	ju	[ju]
eles	ata	[atá]
elas	ato	[ató]

2. Cumprimentos. Saudações

Olá!	Përshëndetje!	[pǝrʃǝndétjɛ!]
Bom dia! (formal)	Përshëndetje!	[pǝrʃǝndétjɛ!]
Bom dia! (de manhã)	Mirëmëngjes!	[mirǝmǝɲés!]
Boa tarde!	Mirëdita!	[mirǝdíta!]
Boa noite!	Mirëmbrëma!	[mirǝmbrǝma!]
cumprimentar (vt)	përshëndes	[pǝrʃǝndés]
Olá!	Ç'kemi!	[ʧ'kémi!]
saudação (f)	përshëndetje (f)	[pǝrʃǝndétjɛ]
saudar (vt)	përshëndes	[pǝrʃǝndés]
Como vai?	Si jeni?	[si jéni?]
Como vais?	Si je?	[si jɛ?]
O que há de novo?	Çfarë ka të re?	[ʧfárǝ ká tǝ ré?]
Adeus! (formal)	Mirupafshim!	[mirupáfʃim!]
Até à vista! (informal)	U pafshim!	[u páfʃim!]
Até breve!	Shihemi së shpejti!	[ʃíhɛmi sǝ ʃpéjti!]
Adeus!	Lamtumirë!	[lamtumírǝ!]
despedir-se (vr)	përshëndetem	[pǝrʃǝndétɛm]
Até logo!	Tungjatjeta!	[tuɲatjéta!]
Obrigado! -a!	Faleminderit!	[falɛmindérit!]
Muito obrigado! -a!	Faleminderit shumë!	[falɛmindérit ʃúmǝ!]
De nada	Të lutem	[tǝ lútɛm]
Não tem de quê	Asgjë!	[asɟé!]
De nada	Asgjë	[asɟé]
Desculpa!	Më fal!	[mǝ fal!]
Desculpe!	Më falni!	[mǝ fálni!]

desculpar (vt)	fal	[fal]
desculpar-se (vr)	kërkoj falje	[kərkój fáljɛ]
As minhas desculpas	Kërkoj ndjesë	[kərkój ndjésə]
Desculpe!	Më vjen keq!	[mə vjɛn kɛc!]
perdoar (vt)	fal	[fal]
Não faz mal	S'ka gjë!	[s'ka ɟə!]
por favor	të lutem	[tə lútɛm]

Não se esqueça!	Mos harro!	[mos haró!]
Certamente! Claro!	Sigurisht!	[siguríʃt!]
Claro que não!	Sigurisht që jo!	[siguríʃt cə jo!]
Está bem! De acordo!	Në rregull!	[nə réguɫ!]
Basta!	Mjafton!	[mjaftón!]

3. Questões

Quem?	Kush?	[kuʃ?]
Que?	Çka?	[tʃká?]
Onde?	Ku?	[ku?]
Para onde?	Për ku?	[pər ku?]
De onde?	Nga ku?	[ŋa ku?]
Quando?	Kur?	[kur?]
Para quê?	Pse?	[psɛ?]
Porquê?	Pse?	[psɛ?]

Para quê?	Për çfarë arsye?	[pər tʃfárə arsýɛ?]
Como?	Si?	[si?]
Qual?	Çfarë?	[tʃfárə?]
Qual? (entre dois ou mais)	Cili?	[tsíli?]

A quem?	Kujt?	[kújt?]
Sobre quem?	Për kë?	[pər kə?]
Do quê?	Për çfarë?	[pər tʃfárə?]
Com quem?	Me kë?	[mɛ kə?]

Quanto, -os, -as?	Sa?	[sa?]
De quem?	Të kujt?	[tə kujt?]

4. Preposições

com (prep.)	me	[mɛ]
sem (prep.)	pa	[pa]
a, para (exprime lugar)	për në	[pər nə]
sobre (ex. falar ~)	për	[pər]
antes de ...	përpara	[pərpára]
diante de ...	para ...	[pára ...]

sob (debaixo de)	nën	[nən]
sobre (em cima de)	mbi	[mbí]
sobre (~ a mesa)	mbi	[mbí]
de (vir ~ Lisboa)	nga	[ŋa]
de (feito ~ pedra)	nga	[ŋa]

| dentro de (~ dez minutos) | për | [pər] |
| por cima de ... | sipër | [sípər] |

5. Palavras funcionais. Advérbios. Parte 1

Onde?	Ku?	[ku?]
aqui	këtu	[kətú]
lá, ali	atje	[atjé]

| em algum lugar | diku | [dikú] |
| em lugar nenhum | askund | [askúnd] |

| ao pé de ... | afër | [áfər] |
| ao pé da janela | tek dritarja | [tɛk dritárja] |

Para onde?	Për ku?	[pər ku?]
para cá	këtu	[kətú]
para lá	atje	[atjé]
daqui	nga këtu	[ŋa kətú]
de lá, dali	nga atje	[ŋa atjɛ]

| perto | pranë | [pránə] |
| longe | larg | [larg] |

perto de ...	afër	[áfər]
ao lado de	pranë	[pránə]
perto, não fica longe	jo larg	[jo lárg]

esquerdo	majtë	[májtə]
à esquerda	majtas	[májtas]
para esquerda	në të majtë	[nə tə májtə]

direito	djathtë	[djáθtə]
à direita	djathtas	[djáθtas]
para direita	në të djathtë	[nə tə djáθtə]

à frente	përballë	[pərbáɫə]
da frente	i përparmë	[i pərpármə]
em frente (para a frente)	përpara	[pərpára]

atrás de ...	prapa	[prápa]
por detrás (vir ~)	nga prapa	[ŋa prápa]
para trás	pas	[pas]

meio (m), metade (f)	mes (m)	[mɛs]
no meio	në mes	[nə mɛs]
de lado	në anë	[nə anə]
em todo lugar	kudo	[kúdo]
ao redor (olhar ~)	përreth	[pəréθ]

de dentro	nga brenda	[ŋa brénda]
para algum lugar	diku	[dikú]
diretamente	drejt	[dréjt]
de volta	pas	[pas]

| de algum lugar | nga kudo | [ŋa kúdo] |
| de um lugar | nga diku | [ŋa dikú] |

em primeiro lugar	së pari	[sə pári]
em segundo lugar	së dyti	[sə dýti]
em terceiro lugar	së treti	[sə tréti]

de repente	befas	[béfas]
no início	në fillim	[nə fiɬím]
pela primeira vez	për herë të parë	[pər hérə tə párə]
muito antes de ...	shumë përpara ...	[ʃúmə pərpára ...]
de novo, novamente	sërish	[səríʃ]
para sempre	një herë e mirë	[ɲə hérə ɛ mírə]

nunca	kurrë	[kúrə]
de novo	përsëri	[pərsərí]
agora	tani	[táni]
frequentemente	shpesh	[ʃpɛʃ]
então	atëherë	[atəhérə]
urgentemente	urgjent	[urɟént]
usualmente	zakonisht	[zakoníʃt]

a propósito, ...	meqë ra fjala, ...	[mécə ra fjála, ...]
é possível	ndoshta	[ndóʃta]
provavelmente	mundësisht	[mundəsíʃt]
talvez	mbase	[mbásɛ]
além disso, ...	përveç	[pərvétʃ]
por isso ...	ja përse ...	[ja pərsé ...]
apesar de ...	pavarësisht se ...	[pavarəsíʃt sɛ ...]
graças a ...	falë ...	[fálə ...]

que (pron.)	çfarë	[tʃfárə]
que (conj.)	që	[cə]
algo	diçka	[ditʃká]
alguma coisa	ndonji gjë	[ndoɲí ɟə]
nada	asgjë	[asɟé]

quem	kush	[kuʃ]
alguém (~ teve uma ideia ...)	dikush	[dikúʃ]
alguém	dikush	[dikúʃ]

ninguém	askush	[askúʃ]
para lugar nenhum	askund	[askúnd]
de ninguém	i askujt	[i askújt]
de alguém	i dikujt	[i dikújt]

tão	aq	[ác]
também (gostaria ~ de ...)	gjithashtu	[ɟiθaʃtú]
também (~ eu)	gjithashtu	[ɟiθaʃtú]

6. Palavras funcionais. Advérbios. Parte 2

| Porquê? | Pse? | [psɛ?] |
| por alguma razão | për një arsye | [pər ɲə arsýɛ] |

| porque ... | sepse ... | [sɛpsé ...] |
| por qualquer razão | për ndonjë shkak | [pər ndóɲə ʃkak] |

e (tu ~ eu)	dhe	[ðɛ]
ou (ser ~ não ser)	ose	[ósɛ]
mas (porém)	por	[por]
para (~ a minha mãe)	për	[pər]

demasiado, muito	tepër	[tépər]
só, somente	vetëm	[vétəm]
exatamente	pikërisht	[pikəríʃt]
cerca de (~ 10 kg)	rreth	[rɛθ]

aproximadamente	përafërsisht	[pərafərsíʃt]
aproximado	përafërt	[pəráfərt]
quase	pothuajse	[poθúajsɛ]
resto (m)	mbetje (f)	[mbétjɛ]

o outro (segundo)	tjetri	[tjétri]
outro	tjetër	[tjétər]
cada	çdo	[tʃdo]
qualquer	çfarëdo	[tʃfarədó]
muitos, muitas	disa	[disá]
muito	shumë	[ʃúmə]
muitas pessoas	shumë njerëz	[ʃúmə ɲérəz]
todos	të gjithë	[tə ɉíθə]

em troca de ...	në vend të ...	[nə vénd tə ...]
em troca	në shkëmbim të ...	[nə ʃkəmbím tə ...]
à mão	me dorë	[mɛ dórə]
pouco provável	vështirë se ...	[vəʃtírə sɛ ...]

provavelmente	mundësisht	[mundəsíʃt]
de propósito	me qëllim	[mɛ cətím]
por acidente	aksidentalisht	[aksidɛntalíʃt]

muito	shumë	[ʃúmə]
por exemplo	për shembull	[pər ʃémbuɫ]
entre	midis	[midís]
entre (no meio de)	rreth	[rɛθ]
tanto	kaq shumë	[kác ʃúmə]
especialmente	veçanërisht	[vɛtʃanəríʃt]

NÚMEROS. DIVERSOS

7. Números cardinais. Parte 1

zero	zero	[zéro]
um	një	[ɲǝ]
dois	dy	[dy]
três	tre	[trɛ]
quatro	katër	[kátǝr]
cinco	pesë	[pésǝ]
seis	gjashtë	[ɟáʃtǝ]
sete	shtatë	[ʃtátǝ]
oito	tetë	[tétǝ]
nove	nëntë	[nǝntǝ]
dez	dhjetë	[ðjétǝ]
onze	njëmbëdhjetë	[ɲǝmbǝðjétǝ]
doze	dymbëdhjetë	[dymbǝðjétǝ]
treze	trembëdhjetë	[trɛmbǝðjétǝ]
catorze	katërmbëdhjetë	[katǝrmbǝðjétǝ]
quinze	pesëmbëdhjetë	[pɛsǝmbǝðjétǝ]
dezasseis	gjashtëmbëdhjetë	[ɟaʃtǝmbǝðjétǝ]
dezassete	shtatëmbëdhjetë	[ʃtatǝmbǝðjétǝ]
dezoito	tetëmbëdhjetë	[tɛtǝmbǝðjétǝ]
dezanove	nëntëmbëdhjetë	[nǝntǝmbǝðjétǝ]
vinte	njëzet	[ɲǝzét]
vinte e um	njëzet e një	[ɲǝzét ɛ ɲǝ]
vinte e dois	njëzet e dy	[ɲǝzét ɛ dy]
vinte e três	njëzet e tre	[ɲǝzét ɛ trɛ]
trinta	tridhjetë	[triðjétǝ]
trinta e um	tridhjetë e një	[triðjétǝ ɛ ɲǝ]
trinta e dois	tridhjetë e dy	[triðjétǝ ɛ dy]
trinta e três	tridhjetë e tre	[triðjétǝ ɛ trɛ]
quarenta	dyzet	[dyzét]
quarenta e um	dyzet e një	[dyzét ɛ ɲǝ]
quarenta e dois	dyzet e dy	[dyzét ɛ dy]
quarenta e três	dyzet e tre	[dyzét ɛ trɛ]
cinquenta	pesëdhjetë	[pɛsǝðjétǝ]
cinquenta e um	pesëdhjetë e një	[pɛsǝðjétǝ ɛ ɲǝ]
cinquenta e dois	pesëdhjetë e dy	[pɛsǝðjétǝ ɛ dy]
cinquenta e três	pesëdhjetë e tre	[pɛsǝðjétǝ ɛ trɛ]
sessenta	gjashtëdhjetë	[ɟaʃtǝðjétǝ]
sessenta e um	gjashtëdhjetë e një	[ɟaʃtǝðjétǝ ɛ ɲǝ]

| sessenta e dois | gjashtëdhjetë e dy | [jaʃtəðjétə ɛ dý] |
| sessenta e três | gjashtëdhjetë e tre | [jaʃtəðjétə ɛ tré] |

setenta	shtatëdhjetë	[ʃtatəðjétə]
setenta e um	shtatëdhjetë e një	[ʃtatəðjétə ɛ ɲə]
setenta e dois	shtatëdhjetë e dy	[ʃtatəðjétə ɛ dy]
setenta e três	shtatëdhjetë e tre	[ʃtatəðjétə ɛ trɛ]

oitenta	tetëdhjetë	[tɛtəðjétə]
oitenta e um	tetëdhjetë e një	[tɛtəðjétə ɛ ɲə]
oitenta e dois	tetëdhjetë e dy	[tɛtəðjétə ɛ dy]
oitenta e três	tetëdhjetë e tre	[tɛtəðjétə ɛ trɛ]

noventa	nëntëdhjetë	[nəntəðjétə]
noventa e um	nëntëdhjetë e një	[nəntəðjétə ɛ ɲə]
noventa e dois	nëntëdhjetë e dy	[nəntəðjétə ɛ dy]
noventa e três	nëntëdhjetë e tre	[nəntəðjétə ɛ trɛ]

8. Números cardinais. Parte 2

cem	njëqind	[ɲəcínd]
duzentos	dyqind	[dycínd]
trezentos	treqind	[trɛcínd]
quatrocentos	katërqind	[katərcínd]
quinhentos	pesëqind	[pɛsəcínd]

seiscentos	gjashtëqind	[jaʃtəcínd]
setecentos	shtatëqind	[ʃtatəcínd]
oitocentos	tetëqind	[tɛtəcínd]
novecentos	nëntëqind	[nəntəcínd]

mil	një mijë	[ɲə míjə]
dois mil	dy mijë	[dy míjə]
três mil	tre mijë	[trɛ míjə]
dez mil	dhjetë mijë	[ðjétə míjə]
cem mil	njëqind mijë	[ɲəcínd míjə]
um milhão	milion (m)	[milión]
mil milhões	miliardë (f)	[miliárdə]

9. Números ordinais

primeiro	i pari	[i pári]
segundo	i dyti	[i dýti]
terceiro	i treti	[i tréti]
quarto	i katërti	[i kátərti]
quinto	i pesti	[i pésti]

sexto	i gjashti	[i ɟáʃti]
sétimo	i shtati	[i ʃtáti]
oitavo	i teti	[i téti]
nono	i nënti	[i nénti]
décimo	i dhjeti	[i ðjéti]

CORES. UNIDADES DE MEDIDA

10. Cores

cor (f)	ngjyrë (f)	[nɟýrə]
matiz (m)	nuancë (f)	[nuántsə]
tom (m)	tonalitet (m)	[tonalitét]
arco-íris (m)	ylber (m)	[ylbér]
branco	e bardhë	[ɛ bárðə]
preto	e zezë	[ɛ zézə]
cinzento	gri	[gri]
verde	jeshile	[jɛʃílɛ]
amarelo	e verdhë	[ɛ vérðə]
vermelho	e kuqe	[ɛ kúcɛ]
azul	blu	[blu]
azul claro	bojëqielli	[bojəciéti]
rosa	rozë	[rózə]
laranja	portokalli	[portokáti]
violeta	bojëvjollcë	[bojəvjóttsə]
castanho	kafe	[káfɛ]
dourado	e artë	[ɛ ártə]
prateado	e argjendtë	[ɛ aɾɟéndtə]
bege	bezhë	[béʒə]
creme	krem	[krɛm]
turquesa	e bruztë	[ɛ brúztə]
vermelho cereja	qershi	[cɛrʃí]
lilás	jargavan	[jargaván]
carmesim	e kuqe e thellë	[ɛ kúcɛ ɛ θétə]
claro	e hapur	[ɛ hápuɾ]
escuro	e errët	[ɛ érət]
vivo	e ndritshme	[ɛ ndrítʃmɛ]
de cor	e ngjyrosur	[ɛ nɟyrósuɾ]
a cores	ngjyrë	[nɟýrə]
preto e branco	bardhë e zi	[bárðə ɛ zi]
unicolor	njëngjyrëshe	[nənɟýrəʃɛ]
multicor	shumëngjyrëshe	[ʃumənɟýrəʃɛ]

11. Unidades de medida

peso (m)	peshë (f)	[péʃə]
comprimento (m)	gjatësi (f)	[ɟatəsí]

largura (f)	gjerësi (f)	[ɟɛrəsí]
altura (f)	lartësi (f)	[lartəsí]
profundidade (f)	thellësi (f)	[θɛɫəsí]
volume (m)	vëllim (m)	[vəɫím]
área (f)	sipërfaqe (f)	[sipərfácɛ]

grama (m)	gram (m)	[gram]
miligrama (m)	miligram (m)	[miligrám]
quilograma (m)	kilogram (m)	[kilográm]
tonelada (f)	ton (m)	[ton]
libra (453,6 gramas)	paund (m)	[páund]
onça (f)	ons (m)	[ons]

metro (m)	metër (m)	[métər]
milímetro (m)	milimetër (m)	[milimétər]
centímetro (m)	centimetër (m)	[tsɛntimétər]
quilómetro (m)	kilometër (m)	[kilométər]
milha (f)	milje (f)	[míljɛ]

polegada (f)	inç (m)	[intʃ]
pé (304,74 mm)	këmbë (f)	[kə́mbə]
jarda (914,383 mm)	jard (m)	[járd]

metro (m) quadrado	metër katror (m)	[métər katrór]
hectare (m)	hektar (m)	[hɛktár]

litro (m)	litër (m)	[lítər]
grau (m)	gradë (f)	[grádə]
volt (m)	volt (m)	[volt]
ampere (m)	amper (m)	[ampér]
cavalo-vapor (m)	kuaj-fuqi (f)	[kúaj-fucí]

quantidade (f)	sasi (f)	[sasí]
um pouco de ...	pak ...	[pak ...]
metade (f)	gjysmë (f)	[ɟýsmə]
dúzia (f)	dyzinë (f)	[dyzínə]
peça (f)	copë (f)	[tsópə]

dimensão (f)	madhësi (f)	[maðəsí]
escala (f)	shkallë (f)	[ʃkáɫə]

mínimo	minimale	[minimálɛ]
menor, mais pequeno	më i vogli	[mə i vógli]
médio	i mesëm	[i mésəm]
máximo	maksimale	[maksimálɛ]
maior, mais grande	më i madhi	[mə i máði]

12. Recipientes

boião (m) de vidro	kavanoz (m)	[kavanóz]
lata (~ de cerveja)	kanoçe (f)	[kanótʃɛ]
balde (m)	kovë (f)	[kóvə]
barril (m)	fuçi (f)	[futʃí]
bacia (~ de plástico)	legen (m)	[lɛgén]

tanque (m)	tank (m)	[tank]
cantil (m) de bolso	faqore (f)	[facórɛ]
bidão (m) de gasolina	bidon (m)	[bidón]
cisterna (f)	cisternë (f)	[tsistérnə]

caneca (f)	tas (m)	[tas]
chávena (f)	filxhan (m)	[fildʒán]
pires (m)	pjatë filxhani (f)	[pjátə fildʒáni]
copo (m)	gotë (f)	[gótə]
taça (f) de vinho	gotë vere (f)	[gótə vérɛ]
panela, caçarola (f)	tenxhere (f)	[tɛndʒérɛ]

| garrafa (f) | shishe (f) | [ʃíʃɛ] |
| gargalo (m) | grykë | [grýkə] |

jarro, garrafa (f)	brokë (f)	[brókə]
jarro (m) de barro	shtambë (f)	[ʃtámbə]
recipiente (m)	enë (f)	[énə]
pote (m)	enë (f)	[énə]
vaso (m)	vazo (f)	[vázo]

frasco (~ de perfume)	shishe (f)	[ʃíʃɛ]
frasquinho (ex. ~ de iodo)	shishkë (f)	[ʃíʃkə]
tubo (~ de pasta dentífrica)	tubet (f)	[tubét]

saca (ex. ~ de açúcar)	thes (m)	[θɛs]
saco (~ de plástico)	qese (f)	[césɛ]
maço (m)	paketë (f)	[pakétə]

caixa (~ de sapatos, etc.)	kuti (f)	[kutí]
caixa (~ de madeira)	arkë (f)	[árkə]
cesta (f)	shportë (f)	[ʃpórtə]

VERBOS PRINCIPAIS

13. Os verbos mais importantes. Parte 1

abrir (vt)	hap	[hap]
acabar, terminar (vt)	përfundoj	[pərfundój]
aconselhar (vt)	këshilloj	[kəʃiłój]
adivinhar (vt)	hamendësoj	[hamɛndəsój]
advertir (vt)	paralajmëroj	[paralajmərój]

ajudar (vt)	ndihmoj	[ndihmój]
almoçar (vi)	ha drekë	[ha drékə]
alugar (~ um apartamento)	marr me qira	[mar mɛ cirá]
amar (vt)	dashuroj	[daʃurój]
ameaçar (vt)	kërcënoj	[kərtsənój]

anotar (escrever)	mbaj shënim	[mbáj ʃəním]
apanhar (vt)	kap	[kap]
apressar-se (vr)	nxitoj	[ndzitój]
arrepender-se (vr)	pendohem	[pɛndóhɛm]
assinar (vt)	nënshkruaj	[nənʃkrúaj]

atirar, disparar (vi)	qëlloj	[cəłój]
brincar (vi)	bëj shaka	[bəj ʃaká]
brincar, jogar (crianças)	luaj	[lúaj]
buscar (vt)	kërkoj ...	[kərkój ...]
caçar (vi)	dal për gjah	[dál pər ɟáh]

cair (vi)	bie	[bíɛ]
cavar (vt)	gërmoj	[gərmój]
cessar (vt)	ndaloj	[ndalój]
chamar (~ por socorro)	thërras	[θərás]
chegar (vi)	arrij	[aríj]
chorar (vi)	qaj	[caj]

começar (vt)	filloj	[fiłój]
comparar (vt)	krahasoj	[krahasój]
compreender (vt)	kuptoj	[kuptój]
concordar (vi)	bie dakord	[bíɛ dakórd]
confiar (vt)	besoj	[bɛsój]

confundir (equivocar-se)	ngatërroj	[ŋatərój]
conhecer (vt)	njoh	[ɲóh]
contar (fazer contas)	numëroj	[numərój]
contar com (esperar)	mbështetem ...	[mbəʃtétɛm ...]
continuar (vt)	vazhdoj	[vaʒdój]

controlar (vt)	kontrolloj	[kontroɫój]
convidar (vt)	ftoj	[ftoj]
correr (vi)	vrapoj	[vrapój]

criar (vt)	krijoj	[krijój]
custar (vt)	kushton	[kuʃtón]

14. Os verbos mais importantes. Parte 2

dar (vt)	jap	[jap]
dar uma dica	aludoj	[aludój]
decorar (enfeitar)	zbukuroj	[zbukurój]
defender (vt)	mbroj	[mbrój]
deixar cair (vt)	lëshoj	[ləʃój]

descer (para baixo)	zbres	[zbrɛs]
desculpar (vt)	fal	[fal]
desculpar-se (vr)	kërkoj falje	[kərkój fáljɛ]
dirigir (~ uma empresa)	drejtoj	[drɛjtój]
discutir (notícias, etc.)	diskutoj	[diskutój]
dizer (vt)	them	[θɛm]

duvidar (vt)	dyshoj	[dyʃój]
encontrar (achar)	gjej	[ɟéj]
enganar (vt)	mashtroj	[maʃtrój]
entrar (na sala, etc.)	hyj	[hyj]
enviar (uma carta)	dërgoj	[dərgój]

errar (equivocar-se)	gaboj	[gabój]
escolher (vt)	zgjedh	[zɟɛð]
esconder (vt)	fsheh	[fʃéh]
escrever (vt)	shkruaj	[ʃkrúaj]
esperar (o autocarro, etc.)	pres	[prɛs]

esperar (ter esperança)	shpresoj	[ʃprɛsój]
esquecer (vt)	harroj	[harój]
estudar (vt)	studioj	[studiój]
exigir (vt)	kërkoj	[kərkój]
existir (vi)	ekzistoj	[ɛkzistój]

explicar (vt)	shpjegoj	[ʃpjɛgój]
falar (vi)	flas	[flas]
faltar (clases, etc.)	humbas	[humbás]
fazer (vt)	bëj	[bəj]
ficar em silêncio	hesht	[hɛʃt]
gabar-se, jactar-se (vr)	mburrem	[mbúrɛm]

gostar (apreciar)	pëlqej	[pəlcéj]
gritar (vi)	bërtas	[bərtás]
guardar (cartas, etc.)	mbaj	[mbáj]
informar (vt)	informoj	[infoɾmój]
insistir (vi)	këmbëngul	[kəmbəŋúl]

insultar (vt)	fyej	[fýɛj]
interessar-se (vr)	interesohem ...	[intɛɾɛsóhɛm ...]
ir (a pé)	ec në këmbë	[ɛts nə kémbə]
ir nadar	notoj	[notój]
jantar (vi)	ha darkë	[ha dárkə]

15. Os verbos mais importantes. Parte 3

ler (vt)	lexoj	[lɛdzój]
libertar (cidade, etc.)	çliroj	[tʃlirój]
matar (vt)	vras	[vras]
mencionar (vt)	përmend	[pərménd]
mostrar (vt)	tregoj	[trɛgój]
mudar (modificar)	ndryshoj	[ndryʃój]
nadar (vi)	notoj	[notój]
negar-se (vt)	refuzoj	[rɛfuzój]
objetar (vt)	kundërshtoj	[kundərʃtój]
observar (vt)	vëzhgoj	[vəʒgój]
ordenar (mil.)	urdhëroj	[urðərój]
ouvir (vt)	dëgjoj	[dəɟój]
pagar (vt)	paguaj	[pagúaj]
parar (vi)	ndaloj	[ndalój]
participar (vi)	marr pjesë	[mar pjésə]
pedir (comida)	porosis	[porosís]
pedir (um favor, etc.)	pyes	[pýɛs]
pegar (tomar)	marr	[mar]
pensar (vt)	mendoj	[mɛndój]
perceber (ver)	vërej	[vəréj]
perdoar (vt)	fal	[fal]
perguntar (vt)	pyes	[pýɛs]
permitir (vt)	lejoj	[lɛjój]
pertencer (vt)	përkas ...	[pərkás ...]
planear (vt)	planifikoj	[planifikój]
poder (vi)	mund	[mund]
possuir (vt)	zotëroj	[zotərój]
preferir (vt)	preferoj	[prɛfɛrój]
preparar (vt)	gatuaj	[gatúaj]
prever (vt)	parashikoj	[paraʃikój]
prometer (vt)	premtoj	[prɛmtój]
pronunciar (vt)	shqiptoj	[ʃciptój]
propor (vt)	propozoj	[propozój]
punir (castigar)	ndëshkoj	[ndəʃkój]

16. Os verbos mais importantes. Parte 4

quebrar (vt)	ndahem	[ndáhɛm]
queixar-se (vr)	ankohem	[ankóhɛm]
querer (desejar)	dëshiroj	[dəʃirój]
recomendar (vt)	rekomandoj	[rɛkomandój]
repetir (dizer outra vez)	përsëris	[pərsərís]
repreender (vt)	qortoj	[cortój]
reservar (~ um quarto)	rezervoj	[rɛzɛrvój]

responder (vt)	përgjigjem	[pəɾɟíɟɛm]
rezar, orar (vi)	lutem	[lútɛm]
rir (vi)	qesh	[cɛʃ]

roubar (vt)	vjedh	[vjɛð]
saber (vt)	di	[di]
sair (~ de casa)	dal	[dal]
salvar (vt)	shpëtoj	[ʃpətój]
seguir ...	ndjek ...	[ndjék ...]

sentar-se (vr)	ulem	[úlɛm]
ser necessário	nevojitet	[nɛvojítɛt]
ser, estar	jam	[jam]
significar (vt)	nënkuptoj	[nənkuptój]

sorrir (vi)	buzëqesh	[buzəcéʃ]
subestimar (vt)	nënvlerësoj	[nənvlɛrəsój]
surpreender-se (vr)	çuditem	[tʃudítɛm]
tentar (vt)	përpiqem	[pərpícɛm]

ter (vt)	kam	[kam]
ter fome	kam uri	[kam urí]
ter medo	kam frikë	[kam fríkə]
ter sede	kam etje	[kam étjɛ]

tocar (com as mãos)	prek	[prɛk]
tomar o pequeno-almoço	ha mëngjes	[ha mənɟés]
trabalhar (vi)	punoj	[punój]
traduzir (vt)	përkthej	[pərkθéj]
unir (vt)	bashkoj	[baʃkój]

vender (vt)	shes	[ʃɛs]
ver (vt)	shikoj	[ʃikój]
virar (ex. ~ à direita)	kthej	[kθɛj]
voar (vi)	fluturoj	[fluturój]

TEMPO. CALENDÁRIO

17. Dias da semana

segunda-feira (f)	E hënë (f)	[ɛ hénə]
terça-feira (f)	E martë (f)	[ɛ mártə]
quarta-feira (f)	E mërkurë (f)	[ɛ mərkúrə]
quinta-feira (f)	E enjte (f)	[ɛ éɲtɛ]
sexta-feira (f)	E premte (f)	[ɛ prémtɛ]
sábado (m)	E shtunë (f)	[ɛ ʃtúnə]
domingo (m)	E dielë (f)	[ɛ díɛlə]

hoje	sot	[sot]
amanhã	nesër	[nésər]
depois de amanhã	pasnesër	[pasnésər]
ontem	dje	[djé]
anteontem	pardje	[pardjé]

dia (m)	ditë (f)	[dítə]
dia (m) de trabalho	ditë pune (f)	[dítə púnɛ]
feriado (m)	festë kombëtare (f)	[féstə kombətárɛ]
dia (m) de folga	ditë pushim (m)	[dítə puʃím]
fim (m) de semana	fundjavë (f)	[fundjávə]

o dia todo	gjithë ditën	[ɟíθə dítən]
no dia seguinte	ditën pasardhëse	[dítən pasárðəsɛ]
há dois dias	dy ditë më parë	[dy dítə mə párə]
na véspera	një ditë më parë	[ɲə dítə mə párə]
diário	ditor	[ditór]
todos os dias	çdo ditë	[ʧdo dítə]

semana (f)	javë (f)	[jávə]
na semana passada	javën e kaluar	[jávən ɛ kalúar]
na próxima semana	javën e ardhshme	[jávən ɛ árðʃmɛ]
semanal	javor	[javór]
cada semana	çdo javë	[ʧdo jávə]
duas vezes por semana	dy herë në javë	[dy hérə nə jávə]
cada terça-feira	çdo të martë	[ʧdo tə mártə]

18. Horas. Dia e noite

manhã (f)	mëngjes (m)	[mənɟés]
de manhã	në mëngjes	[nə mənɟés]
meio-dia (m)	mesditë (f)	[mɛsdítə]
à tarde	pasdite	[pasdítɛ]

noite (f)	mbrëmje (f)	[mbrémjɛ]
à noite (noitinha)	në mbrëmje	[nə mbrémjɛ]

noite (f)	natë (f)	[nátə]
à noite	natën	[nátən]
meia-noite (f)	mesnatë (f)	[mɛsnátə]

segundo (m)	sekondë (f)	[sɛkóndə]
minuto (m)	minutë (f)	[minútə]
hora (f)	orë (f)	[órə]
meia hora (f)	gjysmë ore (f)	[ɟýsmə órɛ]
quarto (m) de hora	çerek ore (m)	[tʃɛrék órɛ]
quinze minutos	pesëmbëdhjetë minuta	[pɛsəmbəðjétə minúta]
vinte e quatro horas	24 orë	[ɲəzét ɛ kátər órə]

nascer (m) do sol	agim (m)	[agím]
amanhecer (m)	agim (m)	[agím]
madrugada (f)	mëngjes herët (m)	[mənɟés hérət]
pôr do sol (m)	perëndim dielli (m)	[pɛrəndím diéɫi]

de madrugada	herët në mëngjes	[hérət nə mənɟés]
hoje de manhã	sot në mëngjes	[sot nə mənɟés]
amanhã de manhã	nesër në mëngjes	[nésər nə mənɟés]

hoje à tarde	sot pasdite	[sot pasdítɛ]
à tarde	pasdite	[pasdítɛ]
amanhã à tarde	nesër pasdite	[nésər pasdítɛ]

| hoje à noite | sonte në mbrëmje | [sóntɛ nə mbrəmjɛ] |
| amanhã à noite | nesër në mbrëmje | [nésər nə mbrémjɛ] |

às três horas em ponto	në orën 3 fiks	[nə órən trɛ fiks]
por volta das quatro	rreth orës 4	[rɛθ órəs kátər]
às doze	deri në orën 12	[déri nə órən dymbəðjétə]

dentro de vinte minutos	për 20 minuta	[pər ɲəzét minúta]
dentro duma hora	për një orë	[pər ɲə órə]
a tempo	në orar	[nə orár]

menos um quarto	çerek ...	[tʃɛrék ...]
durante uma hora	brenda një ore	[brénda ɲə órɛ]
a cada quinze minutos	çdo 15 minuta	[tʃdo pɛsəmbəðjétə minúta]
as vinte e quatro horas	gjithë ditën	[ɟíθə dítən]

19. Meses. Estações

janeiro (m)	Janar (m)	[janár]
fevereiro (m)	Shkurt (m)	[ʃkurt]
março (m)	Mars (m)	[mars]
abril (m)	Prill (m)	[priɫ]
maio (m)	Maj (m)	[maj]
junho (m)	Qershor (m)	[cɛrʃór]

julho (m)	Korrik (m)	[korík]
agosto (m)	Gusht (m)	[guʃt]
setembro (m)	Shtator (m)	[ʃtatór]
outubro (m)	Tetor (m)	[tɛtór]

novembro (m)	Nëntor (m)	[nəntór]
dezembro (m)	Dhjetor (m)	[ðjɛtór]
primavera (f)	pranverë (f)	[pranvérə]
na primavera	në pranverë	[nə pranvérə]
primaveril	pranveror	[pranvɛrór]
verão (m)	verë (f)	[vérə]
no verão	në verë	[nə vérə]
de verão	veror	[vɛrór]
outono (m)	vjeshtë (f)	[vjéʃtə]
no outono	në vjeshtë	[nə vjéʃtə]
outonal	vjeshtor	[vjéʃtor]
inverno (m)	dimër (m)	[dímər]
no inverno	në dimër	[nə dímər]
de inverno	dimëror	[dimərór]
mês (m)	muaj (m)	[múaj]
este mês	këtë muaj	[kətə múaj]
no próximo mês	muajin tjetër	[múajin tjétər]
no mês passado	muajin e kaluar	[múajin ɛ kalúar]
há um mês	para një muaji	[pára ɲə múaji]
dentro de um mês	pas një muaji	[pas ɲə múaji]
dentro de dois meses	pas dy muajsh	[pas dy múajʃ]
todo o mês	gjithë muajin	[ɟíθə múajin]
um mês inteiro	gjatë gjithë muajit	[ɟátə ɟíθə múajit]
mensal	mujor	[mujór]
mensalmente	mujor	[mujór]
cada mês	çdo muaj	[tʃdo múaj]
duas vezes por mês	dy herë në muaj	[dy hérə nə múaj]
ano (m)	vit (m)	[vit]
este ano	këtë vit	[kətə vít]
no próximo ano	vitin tjetër	[vítin tjétər]
no ano passado	vitin e kaluar	[vítin ɛ kalúar]
há um ano	para një viti	[pára ɲə víti]
dentro dum ano	për një vit	[pər ɲə vit]
dentro de 2 anos	për dy vite	[pər dy vítɛ]
todo o ano	gjithë vitin	[ɟíθə vítin]
um ano inteiro	gjatë gjithë vitit	[ɟátə ɟíθə vítit]
cada ano	çdo vit	[tʃdo vít]
anual	vjetor	[vjɛtór]
anualmente	çdo vit	[tʃdo vít]
quatro vezes por ano	4 herë në vit	[kátər hérə nə vit]
data (~ de hoje)	datë (f)	[dátə]
data (ex. ~ de nascimento)	data (f)	[dáta]
calendário (m)	kalendar (m)	[kalɛndár]
meio ano	gjysmë viti	[ɟýsmə víti]
seis meses	gjashtë muaj	[ɟáʃtə múaj]

| estação (f) | stinë (f) | [stínə] |
| século (m) | shekull (m) | [ʃékuɬ] |

VIAGENS. HOTEL

20. Viagens

turismo (m)	turizëm (m)	[turízəm]
turista (m)	turist (m)	[turíst]
viagem (f)	udhëtim (m)	[uðətím]
aventura (f)	aventurë (f)	[avɛntúrə]
viagem (f)	udhëtim (m)	[uðətím]
férias (f pl)	pushim (m)	[puʃím]
estar de férias	jam me pushime	[jam mɛ puʃímɛ]
descanso (m)	pushim (m)	[puʃím]
comboio (m)	tren (m)	[trɛn]
de comboio (chegar ~)	me tren	[mɛ trén]
avião (m)	avion (m)	[avión]
de avião	me avion	[mɛ avión]
de carro	me makinë	[mɛ makínə]
de navio	me anije	[mɛ aníjɛ]
bagagem (f)	bagazh (m)	[bagáʒ]
mala (f)	valixhe (f)	[valídʒɛ]
carrinho (m)	karrocë bagazhesh (f)	[karótsə bagáʒɛʃ]
passaporte (m)	pasaportë (f)	[pasapórtə]
visto (m)	vizë (f)	[vízə]
bilhete (m)	biletë (f)	[bilétə]
bilhete (m) de avião	biletë avioni (f)	[bilétə avióni]
guia (m) de viagem	guidë turistike (f)	[guídə turistíkɛ]
mapa (m)	hartë (f)	[hártə]
local (m), area (f)	zonë (f)	[zónə]
lugar, sítio (m)	vend (m)	[vɛnd]
exotismo (m)	ekzotikë (f)	[ɛkzotíkə]
exótico	ekzotik	[ɛkzotík]
surpreendente	mahnitëse	[mahnítəsɛ]
grupo (m)	grup (m)	[grup]
excursão (f)	ekskursion (m)	[ɛkskursión]
guia (m)	udhërrëfyes (m)	[uðərəfýɛs]

21. Hotel

hotel (m), pensão (f)	hotel (m)	[hotél]
motel (m)	motel (m)	[motél]
três estrelas	me tre yje	[mɛ trɛ ýjɛ]

| cinco estrelas | me pesë yje | [mɛ pésǝ ýjɛ] |
| ficar (~ num hotel) | qëndroj | [cǝndrój] |

quarto (m)	dhomë (f)	[ðómǝ]
quarto (m) individual	dhomë teke (f)	[ðómǝ tékɛ]
quarto (m) duplo	dhomë dyshe (f)	[ðómǝ dýʃɛ]
reservar um quarto	rezervoj një dhomë	[rɛzɛrvój ɲǝ ðómǝ]

| meia pensão (f) | gjysmë-pension (m) | [ɟýsmǝ-pɛnsión] |
| pensão (f) completa | pension i plotë (m) | [pɛnsión i plótǝ] |

com banheira	me banjo	[mɛ báɲo]
com duche	me dush	[mɛ dúʃ]
televisão (m) satélite	televizor satelitor (m)	[tɛlɛvizór satɛlitór]
ar (m) condicionado	kondicioner (m)	[konditsionér]
toalha (f)	peshqir (m)	[pɛʃcír]
chave (f)	çelës (m)	[tʃélǝs]

administrador (m)	administrator (m)	[administratór]
camareira (f)	pastruese (f)	[pastrúɛsɛ]
bagageiro (m)	portier (m)	[portiér]
porteiro (m)	portier (m)	[portiér]

restaurante (m)	restorant (m)	[rɛstoránt]
bar (m)	pab (m), pijetore (f)	[pab], [pijɛtórɛ]
pequeno-almoço (m)	mëngjes (m)	[mǝnɟés]
jantar (m)	darkë (f)	[dárkǝ]
buffet (m)	bufe (f)	[bufé]

| hall (m) de entrada | holl (m) | [hoɫ] |
| elevador (m) | ashensor (m) | [aʃɛnsór] |

| NÃO PERTURBE | MOS SHQETËSONI | [mos ʃcɛtǝsóni] |
| PROIBIDO FUMAR! | NDALOHET DUHANI | [ndalóhɛt duháni] |

22. Turismo

monumento (m)	monument (m)	[monumént]
fortaleza (f)	kala (f)	[kalá]
palácio (m)	pallat (m)	[paɫát]
castelo (m)	kështjellë (f)	[kǝʃtjétǝ]
torre (f)	kullë (f)	[kútǝ]
mausoléu (m)	mauzoleum (m)	[mauzolɛúm]

arquitetura (f)	arkitekturë (f)	[arkitɛktúrǝ]
medieval	mesjetare	[mɛsjɛtárɛ]
antigo	e lashtë	[ɛ láʃtǝ]
nacional	kombëtare	[kombǝtárɛ]
conhecido	i famshëm	[i fámʃǝm]

turista (m)	turist (m)	[turíst]
guia (pessoa)	udhërrëfyes (m)	[uðǝrǝfýɛs]
excursão (f)	ekskursion (m)	[ɛkskursión]
mostrar (vt)	tregoj	[trɛgój]

contar (vt)	dëftoj	[dəftój]
encontrar (vt)	gjej	[ɟéj]
perder-se (vr)	humbas	[humbás]
mapa (~ do metrô)	hartë (f)	[hártə]
mapa (~ da cidade)	hartë (f)	[hártə]

lembrança (f), presente (m)	suvenir (m)	[suvɛnír]
loja (f) de presentes	dyqan dhuratash (m)	[dycán ðurátaʃ]
fotografar (vt)	bëj foto	[bəj fóto]
fotografar-se	bëj fotografi	[bəj fotografí]

TRANSPORTES

23. Aeroporto

aeroporto (m)	aeroport (m)	[aɛropórt]
avião (m)	avion (m)	[avión]
companhia (f) aérea	kompani ajrore (f)	[kompaní ajrórɛ]
controlador (m) de tráfego aéreo	kontroll i trafikut ajror (m)	[kontrół i trafíkut ajrór]

partida (f)	nisje (f)	[nísjɛ]
chegada (f)	arritje (f)	[arítjɛ]
chegar (~ de avião)	arrij me avion	[aríj mɛ avión]

hora (f) de partida	nisja (f)	[nísja]
hora (f) de chegada	arritja (f)	[arítja]

estar atrasado	vonesë	[vonésə]
atraso (m) de voo	vonesë avioni (f)	[vonésə avióni]

painel (m) de informação	ekrani i informacioneve (m)	[ɛkráni i informatsiónɛvɛ]
informação (f)	informacion (m)	[informatsión]
anunciar (vt)	njoftoj	[ɲoftój]
voo (m)	fluturim (m)	[fluturím]

alfândega (f)	doganë (f)	[dogánə]
funcionário (m) da alfândega	doganier (m)	[doganiér]

declaração (f) alfandegária	deklarim doganor (m)	[dɛklarím doganór]
preencher (vt)	plotësoj	[plotəsój]
preencher a declaração	plotësoj deklaratën	[plotəsój dɛklarátən]
controlo (m) de passaportes	kontroll pasaportash (m)	[kontrół pasapórtaʃ]

bagagem (f)	bagazh (m)	[bagáʒ]
bagagem (f) de mão	bagazh dore (m)	[bagáʒ dórɛ]
carrinho (m)	karrocë bagazhesh (f)	[karótsə bagáʒɛʃ]

aterragem (f)	aterrim (m)	[atɛrím]
pista (f) de aterragem	pistë aterrimi (f)	[pístə atɛrími]
aterrar (vi)	aterroj	[atɛrój]
escada (f) de avião	shkallë avioni (f)	[ʃkátə avióni]

check-in (m)	regjistrim (m)	[rɛɟistrím]
balcão (m) do check-in	sportel regjistrimi (m)	[sportél rɛɟistrími]
fazer o check-in	regjistrohem	[rɛɟistróhɛm]
cartão (m) de embarque	biletë e hyrjes (f)	[bilétə ɛ hýrjɛs]
porta (f) de embarque	porta e nisjes (f)	[pórta ɛ nísjɛs]

trânsito (m)	transit (m)	[transít]
esperar (vi, vt)	pres	[prɛs]

sala (f) de espera	salla e nisjes (f)	[sáła ɛ nísjɛs]
despedir-se de ...	përcjell	[pərtsjéł]
despedir-se (vr)	përshëndetem	[pərʃəndétɛm]

24. Avião

avião (m)	avion (m)	[avión]
bilhete (m) de avião	biletë avioni (f)	[bilétə avióni]
companhia (f) aérea	kompani ajrore (f)	[kompaní ajrórɛ]
aeroporto (m)	aeroport (m)	[aɛropórt]
supersónico	supersonik	[supɛrsoník]

comandante (m) do avião	kapiten (m)	[kapitén]
tripulação (f)	ekip (m)	[ɛkíp]
piloto (m)	pilot (m)	[pilót]
hospedeira (f) de bordo	stjuardesë (f)	[stjuardésə]
copiloto (m)	navigues (m)	[navigúɛs]

asas (f pl)	krahë (pl)	[kráhə]
cauda (f)	bisht (m)	[biʃt]
cabine (f) de pilotagem	kabinë (f)	[kabínə]
motor (m)	motor (m)	[motór]

| trem (m) de aterragem | karrel (m) | [karél] |
| turbina (f) | turbinë (f) | [turbínə] |

| hélice (f) | helikë (f) | [hɛlíkə] |
| caixa-preta (f) | kuti e zezë (f) | [kutí ɛ zézə] |

| coluna (f) de controlo | timon (m) | [timón] |
| combustível (m) | karburant (m) | [karburánt] |

instruções (f pl) de segurança	udhëzime sigurie (pl)	[uðəzímɛ siguríɛ]
máscara (f) de oxigénio	maskë oksigjeni (f)	[máskə oksiɟéni]
uniforme (m)	uniformë (f)	[unifórmə]

| colete (m) salva-vidas | jelek shpëtimi (m) | [jɛlék ʃpətími] |
| paraquedas (m) | parashutë (f) | [paraʃútə] |

descolagem (f)	ngritje (f)	[ŋrítjɛ]
descolar (vi)	fluturon	[fluturón]
pista (f) de descolagem	pista e fluturimit (f)	[písta ɛ fluturímit]

| visibilidade (f) | shikueshmëri (f) | [ʃikuɛʃmərí] |
| voo (m) | fluturim (m) | [fluturím] |

| altura (f) | lartësi (f) | [lartəsí] |
| poço (m) de ar | xhep ajri (m) | [dʒɛp ájri] |

assento (m)	karrige (f)	[karígɛ]
auscultadores (m pl)	kufje (f)	[kúfjɛ]
mesa (f) rebatível	tabaka (f)	[tabaká]
vigia (f)	dritare avioni (f)	[dritárɛ avióni]
passagem (f)	korridor (m)	[koridór]

25. Comboio

comboio (m)	tren (m)	[trɛn]
comboio (m) suburbano	tren elektrik (m)	[trɛn ɛlɛktrík]
comboio (m) rápido	tren ekspres (m)	[trɛn ɛksprés]
locomotiva (f) diesel	lokomotivë me naftë (f)	[lokomótivǝ mɛ náftǝ]
comboio (m) a vapor	lokomotivë me avull (f)	[lokomótivǝ mɛ ávuɫ]

carruagem (f)	vagon (m)	[vagón]
carruagem restaurante (f)	vagon restorant (m)	[vagón rɛstoránt]

carris (m pl)	shina (pl)	[ʃína]
caminho de ferro (m)	hekurudhë (f)	[hɛkurúðǝ]
travessa (f)	traversë (f)	[travérsǝ]

plataforma (f)	platformë (f)	[platfórmǝ]
linha (f)	binar (m)	[binár]
semáforo (m)	semafor (m)	[sɛmafór]
estação (f)	stacion (m)	[statsión]

maquinista (m)	makinist (m)	[makiníst]
bagageiro (m)	portier (m)	[portiér]
hospedeiro, -a (da carruagem)	konduktor (m)	[konduktór]
passageiro (m)	pasagjer (m)	[pasaɟér]
revisor (m)	konduktor (m)	[konduktór]

corredor (m)	korridor (m)	[koridór]
freio (m) de emergência	frena urgjence (f)	[fréna urɲéntsɛ]
compartimento (m)	ndarje (f)	[ndárjɛ]
cama (f)	kat (m)	[kat]
cama (f) de cima	kati i sipërm (m)	[káti i sípǝrm]
cama (f) de baixo	kati i poshtëm (m)	[káti i póʃtǝm]
roupa (f) de cama	shtroje shtrati (pl)	[ʃtrójɛ ʃtráti]

bilhete (m)	biletë (f)	[bilétǝ]
horário (m)	orar (m)	[orár]
painel (m) de informação	tabelë e informatave (f)	[tabélǝ ɛ informátavɛ]

partir (vt)	niset	[nísɛt]
partida (f)	nisje (f)	[nísjɛ]
chegar (vi)	arrij	[aríj]
chegada (f)	arritje (f)	[arítjɛ]

chegar de comboio	arrij me tren	[aríj mɛ trɛn]
apanhar o comboio	hip në tren	[hip nǝ trén]
sair do comboio	zbres nga treni	[zbrɛs ŋa tréni]

acidente (m) ferroviário	aksident hekurudhor (m)	[aksidént hɛkuruðór]
descarrilar (vi)	del nga shinat	[dɛl ŋa ʃínat]

comboio (m) a vapor	lokomotivë me avull (f)	[lokomótivǝ mɛ ávuɫ]
fogueiro (m)	mbikëqyrës i zjarrit (m)	[mbikǝçýrǝs i zjárit]
fornalha (f)	furrë (f)	[fúrǝ]
carvão (m)	qymyr (m)	[cymýr]

26. Barco

| navio (m) | anije (f) | [aníjɛ] |
| embarcação (f) | mjet lundrues (m) | [mjét lundrúɛs] |

vapor (m)	anije me avull (f)	[aníjɛ mɛ ávuł]
navio (m)	anije lumi (f)	[aníjɛ lúmi]
transatlântico (m)	krocierë (f)	[krotsiérǝ]
cruzador (m)	anije luftarake (f)	[aníjɛ luftarákɛ]

iate (m)	jaht (m)	[jáht]
rebocador (m)	anije rimorkiuese (f)	[aníjɛ rimorkiúɛsɛ]
barcaça (f)	anije transportuese (f)	[aníjɛ transportúɛsɛ]
ferry (m)	traget (m)	[tragét]

| veleiro (m) | anije me vela (f) | [aníjɛ mɛ véla] |
| bergantim (m) | brigantinë (f) | [brigantínǝ] |

| quebra-gelo (m) | akullthyese (f) | [akułθýɛsɛ] |
| submarino (m) | nëndetëse (f) | [nǝndétǝsɛ] |

bote, barco (m)	barkë (f)	[bárkǝ]
bote, dingue (m)	gomone (f)	[gomónɛ]
bote (m) salva-vidas	varkë shpëtimi (f)	[várkǝ ʃpǝtími]
lancha (f)	skaf (m)	[skaf]

capitão (m)	kapiten (m)	[kapitén]
marinheiro (m)	marinar (m)	[marinár]
marujo (m)	marinar (m)	[marinár]
tripulação (f)	ekip (m)	[ɛkíp]

contramestre (m)	kryemarinar (m)	[kryɛmarinár]
grumete (m)	djali i anijes (m)	[djáli i aníjɛs]
cozinheiro (m) de bordo	kuzhinier (m)	[kuʒiniér]
médico (m) de bordo	doktori i anijes (m)	[doktóri i aníjɛs]

convés (m)	kuverta (f)	[kuvérta]
mastro (m)	direk (m)	[dirék]
vela (f)	vela (f)	[véla]

porão (m)	bagazh (m)	[bagáʒ]
proa (f)	harku sipëror (m)	[hárku sipǝrór]
popa (f)	pjesa e pasme (f)	[pjésa ɛ pásmɛ]
remo (m)	rrem (m)	[rɛm]
hélice (f)	helikë (f)	[hɛlíkǝ]

camarote (m)	kabinë (f)	[kabínǝ]
sala (f) dos oficiais	zyrë e oficerëve (m)	[zýrǝ ɛ ofitsérǝvɛ]
sala (f) das máquinas	salla e motorit (m)	[sáła ɛ motórit]
ponte (m) de comando	urë komanduese (f)	[úrǝ komandúɛsɛ]
sala (f) de comunicações	kabina radiotelegrafike (f)	[kabína radiotɛlɛgrafíkɛ]
onda (f) de rádio	valë (f)	[válǝ]
diário (m) de bordo	libri i shënimeve (m)	[líbri i ʃǝnímɛvɛ]
luneta (f)	dylbi (f)	[dylbí]
sino (m)	këmbanë (f)	[kǝmbánǝ]

bandeira (f)	**flamur** (m)	[flamúr]
cabo (m)	**pallamar** (m)	[paɫamár]
nó (m)	**nyjë** (f)	[nýjə]
corrimão (m)	**parmakë** (pl)	[parmákə]
prancha (f) de embarque	**shkallë** (f)	[ʃkáɫə]
âncora (f)	**spirancë** (f)	[spirántsə]
recolher a âncora	**ngre spirancën**	[ŋré spirántsən]
lançar a âncora	**hedh spirancën**	[hɛð spirántsən]
amarra (f)	**zinxhir i spirancës** (m)	[zindʒír i spirántsəs]
porto (m)	**port** (m)	[port]
cais, amarradouro (m)	**skelë** (f)	[skélə]
atracar (vi)	**ankoroj**	[ankorój]
desatracar (vi)	**niset**	[nísɛt]
viagem (f)	**udhëtim** (m)	[uðətím]
cruzeiro (m)	**udhëtim me krocierë** (f)	[uðətím mɛ krotsiérə]
rumo (m), rota (f)	**kursi i udhëtimit** (m)	[kúrsi i uðətímit]
itinerário (m)	**itinerar** (m)	[itinɛrár]
canal (m) navegável	**ujëra të lundrueshme** (f)	[újəra tə lundrúɛʃmɛ]
baixio (m)	**cekëtinë** (f)	[tsɛkətínə]
encalhar (vt)	**bllokohet në rërë**	[bɫokóhɛt nə rərə]
tempestade (f)	**stuhi** (f)	[stuhí]
sinal (m)	**sinjal** (m)	[siɲál]
afundar-se (vr)	**fundoset**	[fundósɛt]
Homem ao mar!	**Njeri në det!**	[ɲɛrí nə dɛt!]
SOS	**SOS** (m)	[sos]
boia (f) salva-vidas	**bovë shpëtuese** (f)	[bóvə ʃpətúɛsɛ]

CIDADE

27. Transportes urbanos

autocarro (m)	autobus (m)	[autobús]
elétrico (m)	tramvaj (m)	[tramváj]
troleicarro (m)	autobus tramvaj (m)	[autobús tramváj]
itinerário (m)	itinerar (m)	[itinɛrár]
número (m)	numër (m)	[númər]

ir de ... (carro, etc.)	udhëtoj me ...	[uðətój mɛ ...]
entrar (~ no autocarro)	hip	[hip]
descer de ...	zbres ...	[zbrɛs ...]

paragem (f)	stacion (m)	[statsión]
próxima paragem (f)	stacioni tjetër (m)	[statsióni tjétər]
ponto (m) final	terminal (m)	[tɛrminál]
horário (m)	orar (m)	[orár]
esperar (vt)	pres	[prɛs]

bilhete (m)	biletë (f)	[bilétə]
custo (m) do bilhete	çmim bilete (m)	[tʃmím bilétɛ]

bilheteiro (m)	shitës biletash (m)	[ʃítəs bilétaʃ]
controlo (m) dos bilhetes	kontroll biletash (m)	[kontróɫ bilétaʃ]
revisor (m)	kontrollues biletash (m)	[kontroɫúɛs bilétaʃ]

atrasar-se (vr)	vonohem	[vonóhɛm]
perder (o autocarro, etc.)	humbas	[humbás]
estar com pressa	nxitoj	[ndzitój]

táxi (m)	taksi (m)	[táksi]
taxista (m)	shofer taksie (m)	[ʃofér taksíɛ]
de táxi (ir ~)	me taksi	[mɛ táksi]
praça (f) de táxis	stacion taksish (m)	[statsión táksiʃ]
chamar um táxi	thërras taksi	[θərás táksi]
apanhar um táxi	marr taksi	[mar táksi]

tráfego (m)	trafik (m)	[trafík]
engarrafamento (m)	bllokim trafiku (m)	[bɫokím trafíku]
horas (f pl) de ponta	orë e trafikut të rëndë (f)	[órə ɛ trafíkut tə rəndə]
estacionar (vi)	parkoj	[parkój]
estacionar (vt)	parkim	[parkím]
parque (m) de estacionamento	parking (m)	[parkíŋ]

metro (m)	metro (f)	[mɛtró]
estação (f)	stacion (m)	[statsión]
ir de metro	shkoj me metro	[ʃkoj mɛ métro]
comboio (m)	tren (m)	[trɛn]
estação (f)	stacion treni (m)	[statsión tréni]

28. Cidade. Vida na cidade

cidade (f)	qytet (m)	[cytét]
capital (f)	kryeqytet (m)	[kryɛcytét]
aldeia (f)	fshat (m)	[fʃát]

mapa (m) da cidade	hartë e qytetit (f)	[hártə ɛ cytétit]
centro (m) da cidade	qendër e qytetit (f)	[céndər ɛ cytétit]
subúrbio (m)	periferi (f)	[pɛrifɛrí]
suburbano	periferik	[pɛrifɛrík]

periferia (f)	periferia (f)	[pɛrifɛría]
arredores (m pl)	periferia (f)	[pɛrifɛría]
quarteirão (m)	bllok pallatesh (m)	[bɫók paɫátɛʃ]
quarteirão (m) residencial	bllok banimi (m)	[bɫók baními]

tráfego (m)	trafik (m)	[trafík]
semáforo (m)	semafor (m)	[sɛmafór]
transporte (m) público	transport publik (m)	[transpórt publík]
cruzamento (m)	kryqëzim (m)	[krycəzím]

passadeira (f)	kalim për këmbësorë (m)	[kalím pər kəmbəsórə]
passagem (f) subterrânea	nënkalim për këmbësorë (m)	[nənkalím pər kəmbəsórə]
cruzar, atravessar (vt)	kapërcej	[kapərtséj]
peão (m)	këmbësor (m)	[kəmbəsór]
passeio (m)	trotuar (m)	[trotuár]

ponte (f)	urë (f)	[úrə]
margem (f) do rio	breg lumi (m)	[brɛg lúmi]
fonte (f)	shatërvan (m)	[ʃatərván]

alameda (f)	rrugëz (m)	[rúgəz]
parque (m)	park (m)	[park]
bulevar (m)	bulevard (m)	[bulɛvárd]
praça (f)	shesh (m)	[ʃɛʃ]
avenida (f)	bulevard (m)	[bulɛvárd]
rua (f)	rrugë (f)	[rúgə]
travessa (f)	rrugë dytësore (f)	[rúgə dytəsórɛ]
beco (m) sem saída	rrugë pa krye (f)	[rúgə pa krýɛ]

casa (f)	shtëpi (f)	[ʃtəpí]
edifício, prédio (m)	ndërtesë (f)	[ndərtésə]
arranha-céus (m)	qiellgërvishtës (m)	[ciɛɫgərvíʃtəs]

fachada (f)	fasadë (f)	[fasádə]
telhado (m)	çati (f)	[tʃatí]
janela (f)	dritare (f)	[dritárɛ]
arco (m)	hark (m)	[hárk]
coluna (f)	kolonë (f)	[kolónə]
esquina (f)	kënd (m)	[kénd]

montra (f)	vitrinë (f)	[vitrínə]
letreiro (m)	tabelë (f)	[tabélə]
cartaz (m)	poster (m)	[postér]
cartaz (m) publicitário	afishe reklamuese (f)	[afíʃɛ rɛklamúɛsɛ]

painel (m) publicitário	tabelë reklamash (f)	[tabélə rɛklámaʃ]
lixo (m)	plehra (f)	[pléhra]
cesta (f) do lixo	kosh plehrash (m)	[koʃ pléhraʃ]
jogar lixo na rua	hedh mbeturina	[hɛð mbɛturína]
aterro (m) sanitário	deponi plehrash (f)	[dɛponí pléhraʃ]

cabine (f) telefónica	kabinë telefonike (f)	[kabínə tɛlɛfoníkɛ]
candeeiro (m) de rua	shtyllë dritash (f)	[ʃtýłə drítaʃ]
banco (m)	stol (m)	[stol]

polícia (m)	polic (m)	[políts]
polícia (instituição)	polici (f)	[politsí]
mendigo (m)	lypës (m)	[lýpəs]
sem-abrigo (m)	i pastrehë (m)	[i pastréhə]

29. Instituições urbanas

loja (f)	dyqan (m)	[dycán]
farmácia (f)	farmaci (f)	[farmatsí]
ótica (f)	optikë (f)	[optíkə]
centro (m) comercial	qendër tregtare (f)	[céndər trɛgtárɛ]
supermercado (m)	supermarket (m)	[supɛrmarkét]

padaria (f)	furrë (f)	[fúrə]
padeiro (m)	furrtar (m)	[furtár]
pastelaria (f)	pastiçeri (f)	[pastitʃɛrí]
mercearia (f)	dyqan ushqimor (m)	[dycán uʃcimór]
talho (m)	dyqan mishi (m)	[dycán míʃi]

loja (f) de legumes	dyqan fruta-perimesh (m)	[dycán frúta-pɛrímɛʃ]
mercado (m)	treg (m)	[trɛg]

café (m)	kafene (f)	[kafɛné]
restaurante (m)	restorant (m)	[rɛstoránt]
bar (m), cervejaria (f)	pab (m), pijetore (f)	[pab], [pijɛtórɛ]
pizzaria (f)	piceri (f)	[pitsɛrí]

salão (m) de cabeleireiro	parukeri (f)	[parukɛrí]
correios (m pl)	zyrë postare (f)	[zýrə postárɛ]
lavandaria (f)	pastrim kimik (m)	[pastrím kimík]
estúdio (m) fotográfico	studio fotografike (f)	[stúdio fotografíkɛ]

sapataria (f)	dyqan këpucësh (m)	[dycán kəpútsəʃ]
livraria (f)	librari (f)	[librarí]
loja (f) de artigos de desporto	dyqan me mallra sportivë (m)	[dycán mɛ máłra sportívə]

reparação (f) de roupa	rrobaqepësi (f)	[robacɛpəsí]
aluguer (m) de roupa	dyqan veshjesh me qira (m)	[dycán véʃjɛʃ mɛ cirá]
aluguer (m) de filmes	dyqan videosh me qira (m)	[dycán vídɛoʃ mɛ cirá]

circo (m)	cirk (m)	[tsírk]
jardim (m) zoológico	kopsht zoologjik (m)	[kópʃt zooloɟík]
cinema (m)	kinema (f)	[kinɛmá]

| museu (m) | muze (m) | [muzé] |
| biblioteca (f) | bibliotekë (f) | [bibliotékə] |

teatro (m)	teatër (m)	[tɛátər]
ópera (f)	opera (f)	[opéra]
clube (m) noturno	klub nate (m)	[klúb nátɛ]
casino (m)	kazino (f)	[kazíno]

mesquita (f)	xhami (f)	[dʒamí]
sinagoga (f)	sinagogë (f)	[sinagógə]
catedral (f)	katedrale (f)	[katɛdrálɛ]
templo (m)	tempull (m)	[témpuł]
igreja (f)	kishë (f)	[kíʃə]

instituto (m)	kolegj (m)	[koléɉ]
universidade (f)	universitet (m)	[univɛrsitét]
escola (f)	shkollë (f)	[ʃkółə]

prefeitura (f)	prefekturë (f)	[prɛfɛktúrə]
câmara (f) municipal	bashki (f)	[baʃkí]
hotel (m)	hotel (m)	[hotél]
banco (m)	bankë (f)	[bánkə]

embaixada (f)	ambasadë (f)	[ambasádə]
agência (f) de viagens	agjenci udhëtimesh (f)	[aɉɛntsí uðətímɛʃ]
agência (f) de informações	zyrë informacioni (f)	[zýrə informatsióni]
casa (f) de câmbio	këmbim valutor (m)	[kəmbím valutór]

| metro (m) | metro (f) | [mɛtró] |
| hospital (m) | spital (m) | [spitál] |

| posto (m) de gasolina | pikë karburanti (f) | [píkə karburánti] |
| parque (m) de estacionamento | parking (m) | [parkíŋ] |

30. Sinais

letreiro (m)	tabelë (f)	[tabélə]
inscrição (f)	njoftim (m)	[ɲoftím]
cartaz, póster (m)	poster (m)	[postér]
sinal (m) informativo	tabelë drejtuese (f)	[tabélə drɛjtúɛsɛ]
seta (f)	shigjetë (f)	[ʃɉétə]

aviso (advertência)	kujdes (m)	[kujdés]
sinal (m) de aviso	shenjë paralajmëruese (f)	[ʃéɲə paralajmərúɛsɛ]
avisar, advertir (vt)	paralajmëroj	[paralajmərój]

dia (m) de folga	ditë pushimi (f)	[dítə puʃími]
horário (m)	orar (m)	[orár]
horário (m) de funcionamento	orari i punës (m)	[orári i púnəs]

BEM-VINDOS!	MIRË SE VINI!	[mírə sɛ víni!]
ENTRADA	HYRJE	[hýrjɛ]
SAÍDA	DALJE	[dáljɛ]
EMPURRE	SHTY	[ʃty]

PUXE	**TËRHIQ**	[tərhíc]
ABERTO	**HAPUR**	[hápur]
FECHADO	**MBYLLUR**	[mbýɫur]

MULHER	**GRA**	[gra]
HOMEM	**BURRA**	[búra]

DESCONTOS	**ZBRITJE**	[zbrítjɛ]
SALDOS	**ULJE**	[úljɛ]
NOVIDADE!	**TË REJA!**	[tə réja!]
GRÁTIS	**FALAS**	[fálas]

ATENÇÃO!	**KUJDES!**	[kujdés!]
NÃO HÁ VAGAS	**NUK KA VENDE TË LIRA**	[nuk ka véndɛ tə líra]
RESERVADO	**E REZERVUAR**	[ɛ rɛzɛrvúar]

ADMINISTRAÇÃO	**ADMINISTRATA**	[administráta]
SOMENTE PESSOAL AUTORIZADO	**VETËM PËR STAFIN**	[vétəm pər stáfin]

CUIDADO CÃO FEROZ	**RUHUNI NGA QENI!**	[rúhuni ŋa céni!]
PROIBIDO FUMAR!	**NDALOHET DUHANI**	[ndalóhɛt duháni]
NÃO TOCAR	**MOS PREK!**	[mos prék!]

PERIGOSO	**TË RREZIKSHME**	[tə rɛzíkʃmɛ]
PERIGO	**RREZIK**	[rɛzík]
ALTA TENSÃO	**TENSION I LARTË**	[tɛnsión i lártə]
PROIBIDO NADAR	**NUK LEJOHET NOTI!**	[nuk lɛjóhɛt nóti!]
AVARIADO	**E PRISHUR**	[ɛ príʃur]

INFLAMÁVEL	**LËNDË DJEGËSE**	[ləndə djégəsɛ]
PROIBIDO	**E NDALUAR**	[ɛ ndalúar]
ENTRADA PROIBIDA	**NDALOHET HYRJA**	[ndalóhɛt hýrja]
CUIDADO TINTA FRESCA	**BOJË E FRESKËT**	[bójə ɛ fréskət]

31. Compras

comprar (vt)	blej	[blɛj]
compra (f)	blerje (f)	[blérjɛ]
fazer compras	shkoj për pazar	[ʃkoj pər pazár]
compras (f pl)	pazar (m)	[pazár]

estar aberta (loja, etc.)	hapur	[hápur]
estar fechada	mbyllur	[mbýɫur]

calçado (m)	këpucë (f)	[kəpútsə]
roupa (f)	veshje (f)	[véʃjɛ]
cosméticos (m pl)	kozmetikë (f)	[kozmɛtíkə]
alimentos (m pl)	mallra ushqimore (f)	[máɫra uʃcimórɛ]
presente (m)	dhuratë (f)	[ðurátə]

vendedor (m)	shitës (m)	[ʃítəs]
vendedora (f)	shitëse (f)	[ʃítəsɛ]
caixa (f)	arkë (f)	[árkə]

espelho (m)	**pasqyrë** (f)	[pascýrə]
balcão (m)	**banak** (m)	[bának]
cabine (f) de provas	**dhomë prove** (f)	[ðómə próvɛ]
provar (vt)	**provoj**	[provój]
servir (vi)	**më rri mirë**	[mə ri mírə]
gostar (apreciar)	**pëlqej**	[pəlcéj]
preço (m)	**çmim** (m)	[tʃmím]
etiqueta (f) de preço	**etiketa e çmimit** (f)	[ɛtikéta ɛ tʃmímit]
custar (vt)	**kushton**	[kuʃtón]
Quanto?	**Sa?**	[sa?]
desconto (m)	**ulje** (f)	[úljɛ]
não caro	**jo e shtrenjtë**	[jo ɛ ʃtréɲtə]
barato	**e lirë**	[ɛ lírə]
caro	**i shtrenjtë**	[i ʃtréɲtə]
É caro	**Është e shtrenjtë**	[əʃtə ɛ ʃtréɲtə]
aluguer (m)	**qiramarrje** (f)	[ciramárjɛ]
alugar (vestidos, etc.)	**marr me qira**	[mar mɛ cirá]
crédito (m)	**kredit** (m)	[krɛdít]
a crédito	**me kredi**	[mɛ krɛdí]

VESTUÁRIO & ACESSÓRIOS

32. Roupa exterior. Casacos

roupa (f)	rroba (f)	[róba]
roupa (f) exterior	veshje e sipërme (f)	[véʃjɛ ɛ sípərmɛ]
roupa (f) de inverno	veshje dimri (f)	[véʃjɛ dímri]

sobretudo (m)	pallto (f)	[páɫto]
casaco (m) de peles	gëzof (m)	[gəzóf]
casaco curto (m) de peles	xhaketë lëkure (f)	[dʒakétə ləkúrɛ]
casaco (m) acolchoado	xhup (m)	[dʒup]

casaco, blusão (m)	xhaketë (f)	[dʒakétə]
impermeável (m)	pardesy (f)	[pardɛsý]
impermeável	kundër shiut	[kúndər ʃíut]

33. Vestuário de homem & mulher

camisa (f)	këmishë (f)	[kəmíʃə]
calças (f pl)	pantallona (f)	[pantaɫóna]
calças (f pl) de ganga	xhinse (f)	[dʒínsɛ]
casaco (m) de fato	xhaketë kostumi (f)	[dʒakétə kostúmi]
fato (m)	kostum (m)	[kostúm]

vestido (ex. ~ vermelho)	fustan (m)	[fustán]
saia (f)	fund (m)	[fund]
blusa (f)	bluzë (f)	[blúzə]
casaco (m) de malha	xhaketë me thurje (f)	[dʒakétə mɛ θúrjɛ]
casaco, blazer (m)	xhaketë femrash (f)	[dʒakétə fémraʃ]

T-shirt, camiseta (f)	bluzë (f)	[blúzə]
calções (Bermudas, etc.)	pantallona të shkurtra (f)	[pantaɫóna tə ʃkúrtra]
fato (m) de treino	tuta sportive (f)	[túta sportívɛ]
roupão (m) de banho	peshqir trupi (m)	[pɛʃcír trúpi]
pijama (m)	pizhame (f)	[piʒámɛ]

suéter (m)	triko (f)	[tríko]
pulôver (m)	pulovër (m)	[pulóvər]

colete (m)	jelek (m)	[jɛlék]
fraque (m)	frak (m)	[frak]
smoking (m)	smoking (m)	[smokíŋ]

uniforme (m)	uniformë (f)	[unifórmə]
roupa (f) de trabalho	rroba pune (f)	[róba púnɛ]
fato-macaco (m)	kominoshe (f)	[kominóʃɛ]
bata (~ branca, etc.)	uniformë (f)	[unifórmə]

34. Vestuário. Roupa interior

roupa (f) interior	të brendshme (f)	[tə bréndʃmɛ]
cuecas boxer (f pl)	boksera (f)	[bokséra]
cuecas (f pl)	brekë (f)	[brékə]
camisola (f) interior	fanellë (f)	[fanéltə]
peúgas (f pl)	çorape (pl)	[tʃorápɛ]

camisa (f) de noite	këmishë nate (f)	[kəmíʃə nátɛ]
sutiã (m)	sytjena (f)	[sytjéna]
meias longas (f pl)	çorape déri tek gjuri (pl)	[tʃorápɛ déri ték ɟúri]
meias-calças (f pl)	geta (f)	[géta]
meias (f pl)	çorape të holla (pl)	[tʃorápɛ tə hóta]
fato (m) de banho	rrobë banje (f)	[róbə bápɛ]

35. Adereços de cabeça

chapéu (m)	kapelë (f)	[kapélə]
chapéu (m) de feltro	kapelë republike (f)	[kapélə rɛpublíkɛ]
boné (m) de beisebol	kapelë bejsbolli (f)	[kapélə bɛjsbóti]
boné (m)	kapelë e sheshtë (f)	[kapélə ɛ ʃéʃtə]

boina (f)	beretë (f)	[bɛrétə]
capuz (m)	kapuç (m)	[kapútʃ]
panamá (m)	kapelë panama (f)	[kapélə panamá]
gorro (m) de malha	kapuç leshi (m)	[kapútʃ léʃi]

lenço (m)	shami (f)	[ʃamí]
chapéu (m) de mulher	kapelë femrash (f)	[kapélə fémraʃ]

capacete (m) de proteção	helmetë (f)	[hɛlmétə]
bivaque (m)	kapelë ushtrie (f)	[kapélə uʃtríɛ]
capacete (m)	helmetë (f)	[hɛlmétə]

chapéu-coco (m)	kapelë derby (f)	[kapélə dérby]
chapéu (m) alto	kapelë cilindër (f)	[kapélə tsilíndər]

36. Calçado

calçado (m)	këpucë (pl)	[kəpútsə]
botinas (f pl)	këpucë burrash (pl)	[kəpútsə búraʃ]
sapatos (de salto alto, etc.)	këpucë grash (pl)	[kəpútsə gráʃ]
botas (f pl)	çizme (pl)	[tʃízmɛ]
pantufas (f pl)	pantofla (pl)	[pantófla]

ténis (m pl)	atlete tenisi (pl)	[atlétɛ tɛnísi]
sapatilhas (f pl)	atlete (pl)	[atlétɛ]
sandálias (f pl)	sandale (pl)	[sandálɛ]

sapateiro (m)	këpucëtar (m)	[kəputsətár]
salto (m)	takë (f)	[tákə]

par (m)	palë (f)	[pálə]
atacador (m)	lidhëse këpucësh (f)	[líðəsɛ kəpútsəʃ]
apertar os atacadores	lidh këpucët	[lið kəpútsət]
calçadeira (f)	lugë këpucësh (f)	[lúgə kəpútsəʃ]
graxa (f) para calçado	bojë këpucësh (f)	[bójə kəpútsəʃ]

37. Acessórios pessoais

luvas (f pl)	dorëza (pl)	[dórəza]
mitenes (f pl)	doreza (f)	[doréza]
cachecol (m)	shall (m)	[ʃaɫ]

óculos (m pl)	syze (f)	[sýzɛ]
armação (f) de óculos	skelet syzesh (m)	[skɛlét sýzɛʃ]
guarda-chuva (m)	çadër (f)	[tʃádər]
bengala (f)	bastun (m)	[bastún]
escova (f) para o cabelo	furçë flokësh (f)	[fúrtʃə flókəʃ]
leque (m)	erashkë (f)	[ɛráʃkə]

gravata (f)	kravatë (f)	[kravátə]
gravata-borboleta (f)	papion (m)	[papión]
suspensórios (m pl)	aski (pl)	[askí]
lenço (m)	shami (f)	[ʃamí]

pente (m)	krehër (m)	[kréhər]
travessão (m)	kapëse flokësh (f)	[kápəsɛ flókəʃ]
gancho (m) de cabelo	karficë (f)	[karfítsə]
fivela (f)	tokëz (f)	[tókəz]

cinto (m)	rrip (m)	[rip]
correia (f)	rrip supi (m)	[rip súpi]

mala (f)	çantë dore (f)	[tʃántə dórɛ]
mala (f) de senhora	çantë (f)	[tʃántə]
mochila (f)	çantë shpine (f)	[tʃántə ʃpínɛ]

38. Vestuário. Diversos

moda (f)	modë (f)	[módə]
na moda	në modë	[nə módə]
estilista (m)	stilist (m)	[stilíst]

colarinho (m), gola (f)	jakë (f)	[jákə]
bolso (m)	xhep (m)	[dʒɛp]
de bolso	i xhepit	[i dʒépit]
manga (f)	mëngë (f)	[mə́ŋə]
presilha (f)	hallkë për varje (f)	[háɫkə pər várjɛ]
braguilha (f)	zinxhir (m)	[zindʒír]

fecho (m) de correr	zinxhir (m)	[zindʒír]
fecho (m), colchete (m)	kapëse (f)	[kápəsɛ]
botão (m)	kopsë (f)	[kópsə]

casa (f) de botão	vrimë kopse (f)	[vrímə kópsɛ]
saltar (vi) (botão, etc.)	këputet	[kəpútɛt]

coser, costurar (vi)	qep	[cɛp]
bordar (vt)	qëndis	[cəndís]
bordado (m)	qëndisje (f)	[cəndísjɛ]
agulha (f)	gjilpërë për qepje (f)	[ɟilpérə pər cépjɛ]
fio (m)	pe (m)	[pɛ]
costura (f)	tegel (m)	[tɛgél]

sujar-se (vr)	bëhem pis	[bə́hɛm pis]
mancha (f)	njollë (f)	[ɲółə]
engelhar-se (vr)	zhubros	[ʒubrós]
rasgar (vt)	gris	[gris]
traça (f)	molë rrobash (f)	[mólə róbaʃ]

39. Cuidados pessoais. Cosméticos

pasta (f) de dentes	pastë dhëmbësh (f)	[pástə ðémbəʃ]
escova (f) de dentes	furçë dhëmbësh (f)	[fúrtʃə ðémbəʃ]
escovar os dentes	laj dhëmbët	[laj ðémbət]

máquina (f) de barbear	brisk (m)	[brísk]
creme (m) de barbear	pastë rroje (f)	[pástə rójɛ]
barbear-se (vr)	rruhem	[rúhɛm]

sabonete (m)	sapun (m)	[sapún]
champô (m)	shampo (f)	[ʃampó]

tesoura (f)	gërshërë (f)	[gərʃérə]
lima (f) de unhas	limë thonjsh (f)	[límə θóɲʃ]
corta-unhas (m)	prerëse thonjsh (f)	[prérəsɛ θóɲʃ]
pinça (f)	piskatore vetullash (f)	[piskatórɛ vétuɫaʃ]

cosméticos (m pl)	kozmetikë (f)	[kozmɛtíkə]
máscara (f) facial	maskë fytyre (f)	[máskə fytýrɛ]
manicura (f)	manikyr (m)	[manikýr]
fazer a manicura	bëj manikyr	[bəj manikýr]
pedicure (f)	pedikyr (m)	[pɛdikýr]

mala (f) de maquilhagem	çantë kozmetike (f)	[tʃántə kozmɛtíkɛ]
pó (m)	pudër fytyre (f)	[púdər fytýrɛ]
caixa (f) de pó	pudër kompakte (f)	[púdər kompáktɛ]
blush (m)	ruzh (m)	[ruʒ]

perfume (m)	parfum (m)	[parfúm]
água (f) de toilette	parfum (m)	[parfúm]
loção (f)	krem (m)	[krɛm]
água-de-colónia (f)	kolonjë (f)	[kolóɲə]

sombra (f) de olhos	rimel (m)	[rimél]
lápis (m) delineador	laps për sy (m)	[láps pər sy]
máscara (f), rímel (m)	rimel (m)	[rimél]
batom (m)	buzëkuq (m)	[buzəkúc]

verniz (m) de unhas	llak për thonj (m)	[łak pər θóɲ]
laca (f) para cabelos	llak flokësh (m)	[łak flókəʃ]
desodorizante (m)	deodorant (m)	[dɛodoránt]
creme (m)	krem (m)	[krɛm]
creme (m) de rosto	krem për fytyrë (m)	[krɛm pər fytýrə]
creme (m) de mãos	krem për duar (m)	[krɛm pər dúar]
creme (m) antirrugas	krem kundër rrudhave (m)	[krɛm kúndər rúðavɛ]
creme (m) de dia	krem dite (m)	[krɛm dítɛ]
creme (m) de noite	krem nate (m)	[krɛm nátɛ]
de dia	dite	[dítɛ]
da noite	nate	[nátɛ]
tampão (m)	tampon (m)	[tampón]
papel (m) higiénico	letër higjienike (f)	[létər hiɟiɛníkɛ]
secador (m) elétrico	tharëse flokësh (f)	[θárəsɛ flókəʃ]

40. Relógios de pulso. Relógios

relógio (m) de pulso	orë dore (f)	[órə dórɛ]
mostrador (m)	faqe e orës (f)	[fácɛ ɛ órəs]
ponteiro (m)	akrep (m)	[akrép]
bracelete (f) em aço	rrip metalik ore (m)	[rip mɛtalík órɛ]
bracelete (f) em pele	rrip ore (m)	[rip órɛ]
pilha (f)	bateri (f)	[batɛrí]
descarregar-se	e shkarkuar	[ɛ ʃkarkúar]
trocar a pilha	ndërroj baterinë	[ndərój batɛrínə]
estar adiantado	kalon shpejt	[kalón ʃpéjt]
estar atrasado	ngel prapa	[ŋɛl prápa]
relógio (m) de parede	orë muri (f)	[órə múri]
ampulheta (f)	orë rëre (f)	[órə rərɛ]
relógio (m) de sol	orë diellore (f)	[órə diɛtórɛ]
despertador (m)	orë me zile (f)	[órə mɛ zílɛ]
relojoeiro (m)	orëndreqës (m)	[orəndrécəs]
reparar (vt)	ndreq	[ndréc]

EXPERIÊNCIA DO QUOTIDIANO

41. Dinheiro

dinheiro (m)	para (f)	[pará]
câmbio (m)	këmbim valutor (m)	[kəmbím valutór]
taxa (f) de câmbio	kurs këmbimi (m)	[kurs kəmbími]
Caixa Multibanco (m)	bankomat (m)	[bankomát]
moeda (f)	monedhë (f)	[monéðə]
dólar (m)	dollar (m)	[doɬár]
euro (m)	euro (f)	[éuro]
lira (f)	lirë (f)	[lírə]
marco (m)	Marka gjermane (f)	[márka ɟɛrmánɛ]
franco (m)	franga (f)	[fráŋa]
libra (f) esterlina	sterlina angleze (f)	[stɛrlína aŋlézɛ]
iene (m)	jen (m)	[jén]
dívida (f)	borxh (m)	[bórdʒ]
devedor (m)	debitor (m)	[dɛbitór]
emprestar (vt)	jap hua	[jap huá]
pedir emprestado	marr hua	[mar huá]
banco (m)	bankë (f)	[bánkə]
conta (f)	llogari (f)	[ɬogarí]
depositar (vt)	depozitoj	[dɛpozitój]
depositar na conta	depozitoj në llogari	[dɛpozitój nə ɬogarí]
levantar (vt)	tërheq	[tərhéc]
cartão (m) de crédito	kartë krediti (f)	[kártə krɛdíti]
dinheiro (m) vivo	kesh (m)	[kɛʃ]
cheque (m)	çek (m)	[tʃɛk]
passar um cheque	lëshoj një çek	[ləʃój ɲə tʃék]
livro (m) de cheques	bllok çeqesh (m)	[bɬók tʃécɛʃ]
carteira (f)	portofol (m)	[portofól]
porta-moedas (m)	kuletë (f)	[kulétə]
cofre (m)	kasafortë (f)	[kasafórtə]
herdeiro (m)	trashëgimtar (m)	[traʃəgimtár]
herança (f)	trashëgimi (f)	[traʃəgimí]
fortuna (riqueza)	pasuri (f)	[pasurí]
arrendamento (m)	qira (f)	[cirá]
renda (f) de casa	qiraja (f)	[cirája]
alugar (vt)	marr me qira	[mar mɛ cirá]
preço (m)	çmim (m)	[tʃmím]
custo (m)	kosto (f)	[kósto]

soma (f)	shumë (f)	[ʃúmə]
gastar (vt)	shpenzoj	[ʃpɛnzój]
gastos (m pl)	shpenzime (f)	[ʃpɛnzímɛ]
economizar (vi)	kursej	[kurséj]
económico	ekonomik	[ɛkonomík]

pagar (vt)	paguaj	[pagúaj]
pagamento (m)	pagesë (f)	[pagésə]
troco (m)	kusur (m)	[kusúr]

imposto (m)	taksë (f)	[táksə]
multa (f)	gjobë (f)	[ɟóbə]
multar (vt)	vendos gjobë	[vɛndós ɟóbə]

42. Correios. Serviço postal

correios (m pl)	zyrë postare (f)	[zýrə postárɛ]
correio (m)	postë (f)	[póstə]
carteiro (m)	postier (m)	[postiér]
horário (m)	orari i punës (m)	[orári i púnəs]

carta (f)	letër (f)	[létər]
carta (f) registada	letër rekomande (f)	[létər rɛkomándɛ]
postal (m)	kartolinë (f)	[kartolínə]
telegrama (m)	telegram (m)	[tɛlɛgrám]
encomenda (f) postal	pako (f)	[páko]
remessa (f) de dinheiro	transfer parash (m)	[transfér paráʃ]

receber (vt)	pranoj	[pranój]
enviar (vt)	dërgoj	[dərgój]
envio (m)	dërgesë (f)	[dərgésə]
endereço (m)	adresë (f)	[adrésə]
código (m) postal	kodi postar (m)	[kódi postár]
remetente (m)	dërguesi (m)	[dərgúɛsi]
destinatário (m)	pranues (m)	[pranúɛs]

nome (m)	emër (m)	[émər]
apelido (m)	mbiemër (m)	[mbiémər]
tarifa (f)	tarifë postare (f)	[tarífə postárɛ]
normal	standard	[standárd]
económico	ekonomike	[ɛkonomíkɛ]

peso (m)	peshë (f)	[péʃə]
pesar (estabelecer o peso)	peshoj	[pɛʃój]
envelope (m)	zarf (m)	[zarf]
selo (m)	pullë postare (f)	[púłə postárɛ]
colar o selo	vendos pullën postare	[vɛndós púłən postárɛ]

43. Banca

banco (m)	bankë (f)	[bánkə]
sucursal, balcão (f)	degë (f)	[dégə]

| consultor (m) | punonjës banke (m) | [punóɲəs bánkɛ] |
| gerente (m) | drejtor (m) | [drɛjtór] |

conta (f)	llogari bankare (f)	[ɫogarí bankárɛ]
número (m) da conta	numër llogarie (m)	[númər ɫogaríɛ]
conta (f) corrente	llogari rrjedhëse (f)	[ɫogarí rjéðəsɛ]
conta (f) poupança	llogari kursimesh (f)	[ɫogarí kursímɛʃ]

abrir uma conta	hap një llogari	[hap ɲə ɫogarí]
fechar uma conta	mbyll një llogari	[mbýɫ ɲə ɫogarí]
depositar na conta	depozitoj në llogari	[dɛpozitój nə ɫogarí]
levantar (vt)	tërheq	[tərhéc]

depósito (m)	depozitë (f)	[dɛpozítə]
fazer um depósito	kryej një depozitim	[krýɛj ɲə dɛpozitím]
transferência (f) bancária	transfer bankar (m)	[transfér bankár]
transferir (vt)	transferoj para	[transfɛrój pará]

| soma (f) | shumë (f) | [ʃúmə] |
| Quanto? | Sa? | [sa?] |

| assinatura (f) | nënshkrim (m) | [nənʃkrím] |
| assinar (vt) | nënshkruaj | [nənʃkrúaj] |

cartão (m) de crédito	kartë krediti (f)	[kártə krɛdíti]
código (m)	kodi PIN (m)	[kódi pin]
número (m) do cartão de crédito	numri i kartës së kreditit (m)	[númri i kártəs sə krɛdítit]
Caixa Multibanco (m)	bankomat (m)	[bankomát]

cheque (m)	çek (m)	[tʃɛk]
passar um cheque	lëshoj një çek	[ləʃój ɲə tʃék]
livro (m) de cheques	bllok çeqesh (m)	[bɫók tʃécɛʃ]

empréstimo (m)	kredi (f)	[krɛdí]
pedir um empréstimo	aplikoj për kredi	[aplikój pər krɛdí]
obter um empréstimo	marr kredi	[mar krɛdí]
conceder um empréstimo	jap kredi	[jap krɛdí]
garantia (f)	garanci (f)	[garantsí]

44. Telefone. Conversação telefónica

telefone (m)	telefon (m)	[tɛlɛfón]
telemóvel (m)	celular (m)	[tsɛlulár]
secretária (f) electrónica	sekretari telefonike (f)	[sɛkrɛtarí tɛlɛfoníkɛ]

| fazer uma chamada | telefonoj | [tɛlɛfonój] |
| chamada (f) | telefonatë (f) | [tɛlɛfonátə] |

marcar um número	i bie numrit	[i bíɛ númrit]
Alô!	Përshëndetje!	[pərʃəndétjɛ!]
perguntar (vt)	pyes	[pýɛs]
responder (vt)	përgjigjem	[pərɟíɟɛm]
ouvir (vt)	dëgjoj	[dəɟój]

bem	mirë	[mírə]
mal	jo mirë	[jo mírə]
ruído (m)	zhurmë (f)	[ʒúrmə]

auscultador (m)	marrës (m)	[márəs]
pegar o telefone	ngre telefonin	[ŋré tɛlɛfónin]
desligar (vi)	mbyll telefonin	[mbýɫ tɛlɛfónin]

ocupado	i zënë	[i zénə]
tocar (vi)	bie zilja	[bíɛ zílja]
lista (f) telefónica	numerator telefonik (m)	[numɛratór tɛlɛfoník]

local	lokale	[lokálɛ]
chamada (f) local	thirrje lokale (f)	[θírjɛ lokálɛ]
para outra cidade	distancë e largët	[distántsə ɛ lárgət]
chamada (f) para outra cidade	thirrje në distancë (f)	[θírjɛ nə distántsə]
internacional	ndërkombëtar	[ndərkombətár]
chamada (f) internacional	thirrje ndërkombëtare (f)	[θírjɛ ndərkombətárɛ]

45. Telefone móvel

telemóvel (m)	celular (m)	[tsɛlulár]
ecrã (m)	ekran (m)	[ɛkrán]
botão (m)	buton (m)	[bután]
cartão SIM (m)	karta SIM (m)	[kárta sim]

bateria (f)	bateri (f)	[batɛrí]
descarregar-se	e shkarkuar	[ɛ ʃkarkúar]
carregador (m)	karikues (m)	[karikúɛs]

menu (m)	menu (f)	[mɛnú]
definições (f pl)	parametra (f)	[paramétra]
melodia (f)	melodi (f)	[mɛlodí]
escolher (vt)	përzgjedh	[pərzɟéð]

calculadora (f)	makinë llogaritëse (f)	[makínə ɫogarítəsɛ]
correio (m) de voz	postë zanore (f)	[póstə zanórɛ]
despertador (m)	alarm (m)	[alárm]
contatos (m pl)	kontakte (pl)	[kontáktɛ]

| mensagem (f) de texto | SMS (m) | [ɛsɛmɛs] |
| assinante (m) | abonent (m) | [abonént] |

46. Estacionário

| caneta (f) | stilolaps (m) | [stiloláps] |
| caneta (f) tinteiro | stilograf (m) | [stilográf] |

lápis (m)	laps (m)	[láps]
marcador (m)	shënjues (m)	[ʃəɲúɛs]
caneta (f) de feltro	tushë me bojë (f)	[túʃə mɛ bójə]
bloco (m) de notas	bllok shënimesh (m)	[bɫók ʃənímɛʃ]

agenda (f)	agjendë (f)	[aɟéndə]
régua (f)	vizore (f)	[vizórɛ]
calculadora (f)	makinë llogaritëse (f)	[makínə łogarítəsɛ]
borracha (f)	gomë (f)	[gómə]
pionés (m)	pineskë (f)	[pinéskə]
clipe (m)	kapëse fletësh (f)	[kápəsɛ flétəʃ]

cola (f)	ngjitës (m)	[nɟítəs]
agrafador (m)	ngjitës metalik (m)	[nɟítəs mɛtalík]
furador (m)	hapës vrimash (m)	[hápəs vrímaʃ]
afia-lápis (m)	mprehëse lapsash (m)	[mpréhəsɛ lápsaʃ]

47. Línguas estrangeiras

língua (f)	gjuhë (f)	[ɟúhə]
estrangeiro	huaj	[húaj]
língua (f) estrangeira	gjuhë e huaj (f)	[ɟúhə ɛ húaj]
estudar (vt)	studioj	[studiój]
aprender (vt)	mësoj	[məsój]

ler (vt)	lexoj	[lɛdzój]
falar (vi)	flas	[flas]
compreender (vt)	kuptoj	[kuptój]
escrever (vt)	shkruaj	[ʃkrúaj]

rapidamente	shpejt	[ʃpɛjt]
devagar	ngadalë	[ŋadálə]
fluentemente	rrjedhshëm	[rjéðʃəm]

regras (f pl)	rregullat (pl)	[régułat]
gramática (f)	gramatikë (f)	[gramatíkə]
vocabulário (m)	fjalor (m)	[fjalór]
fonética (f)	fonetikë (f)	[fonɛtíkə]

manual (m) escolar	tekst mësimor (m)	[tɛkst məsimór]
dicionário (m)	fjalor (m)	[fjalór]
manual (m) de autoaprendizagem	libër i mësimit autodidakt (m)	[líbər i məsímit autodidákt]
guia (m) de conversação	libër frazeologjik (m)	[líbər frazɛoloɟík]

cassete (f)	kasetë (f)	[kasétə]
vídeo cassete (m)	videokasetë (f)	[vidɛokasétə]
CD (m)	CD (f)	[tsɛdé]
DVD (m)	DVD (m)	[dividí]

alfabeto (m)	alfabet (m)	[alfabét]
soletrar (vt)	gërmëzoj	[gərməzój]
pronúncia (f)	shqiptim (m)	[ʃciptím]

sotaque (m)	aksent (m)	[aksént]
com sotaque	me aksent	[mɛ aksént]
sem sotaque	pa aksent	[pa aksént]
palavra (f)	fjalë (f)	[fjálə]
sentido (m)	kuptim (m)	[kuptím]

cursos (m pl)	**kurs** (m)	[kurs]
inscrever-se (vr)	**regjistrohem**	[rɛɟistróhɛm]
professor (m)	**mësues** (m)	[məsúɛs]
tradução (processo)	**përkthim** (m)	[pərkθím]
tradução (texto)	**përkthim** (m)	[pərkθím]
tradutor (m)	**përkthyes** (m)	[pərkθýɛs]
intérprete (m)	**përkthyes** (m)	[pərkθýɛs]
poliglota (m)	**poliglot** (m)	[poliglót]
memória (f)	**kujtesë** (f)	[kujtésə]

REFEIÇÕES. RESTAURANTE

48. Por a mesa

colher (f)	lugë (f)	[lúgə]
faca (f)	thikë (f)	[θíkə]
garfo (m)	pirun (m)	[pirún]
chávena (f)	filxhan (m)	[fildʒán]
prato (m)	pjatë (f)	[pjátə]
pires (m)	pjatë filxhani (f)	[pjátə fildʒáni]
guardanapo (m)	pecetë (f)	[pɛtsétə]
palito (m)	kruajtëse dhëmbësh (f)	[krúajtəsɛ ðémbəʃ]

49. Restaurante

restaurante (m)	restorant (m)	[rɛstoránt]
café (m)	kafene (f)	[kafɛné]
bar (m), cervejaria (f)	pab (m), pijetore (f)	[pab], [pijɛtórɛ]
salão (m) de chá	çajtore (f)	[tʃajtórɛ]
empregado (m) de mesa	kamerier (m)	[kamɛriér]
empregada (f) de mesa	kameriere (f)	[kamɛriérɛ]
barman (m)	banakier (m)	[banakiér]
ementa (f)	menu (f)	[mɛnú]
lista (f) de vinhos	menu verërash (f)	[mɛnú vérəraʃ]
reservar uma mesa	rezervoj një tavolinë	[rɛzɛrvój ɲə tavolínə]
prato (m)	pjatë (f)	[pjátə]
pedir (vt)	porosis	[porosís]
fazer o pedido	bëj porosinë	[bəj porosínə]
aperitivo (m)	aperitiv (m)	[apɛritív]
entrada (f)	antipastë (f)	[antipástə]
sobremesa (f)	ëmbëlsirë (f)	[əmbəlsírə]
conta (f)	faturë (f)	[fatúrə]
pagar a conta	paguaj faturën	[pagúaj fatúrən]
dar o troco	jap kusur	[jap kusúr]
gorjeta (f)	bakshish (m)	[bakʃíʃ]

50. Refeições

comida (f)	ushqim (m)	[uʃcím]
comer (vt)	ha	[ha]

pequeno-almoço (m)	mëngjes (m)	[mənɟés]
tomar o pequeno-almoço	ha mëngjes	[ha mənɟés]
almoço (m)	drekë (f)	[drékə]
almoçar (vi)	ha drekë	[ha drékə]
jantar (m)	darkë (f)	[dárkə]
jantar (vi)	ha darkë	[ha dárkə]

apetite (m)	oreks (m)	[oréks]
Bom apetite!	Të bëftë mirë!	[tə bəftə mírə!]

abrir (~ uma lata, etc.)	hap	[hap]
derramar (vt)	derdh	[dérð]
derramar-se (vr)	derdhje	[dérðjɛ]

ferver (vi)	ziej	[zíɛj]
ferver (vt)	ziej	[zíɛj]
fervido	i zier	[i zíɛr]
arrefecer (vt)	ftoh	[ftoh]
arrefecer-se (vr)	ftohje	[ftóhjɛ]

sabor, gosto (m)	shije (f)	[ʃíjɛ]
gostinho (m)	shije (f)	[ʃíjɛ]

fazer dieta	dobësohem	[dobəsóhɛm]
dieta (f)	dietë (f)	[diétə]
vitamina (f)	vitaminë (f)	[vitamínə]
caloria (f)	kalori (f)	[kalorí]
vegetariano (m)	vegjetarian (m)	[vɛɟɛtarián]
vegetariano	vegjetarian	[vɛɟɛtarián]

gorduras (f pl)	yndyrë (f)	[yndýrə]
proteínas (f pl)	proteinë (f)	[protɛínə]
carboidratos (m pl)	karbohidrat (m)	[karbohidrát]

fatia (~ de limão, etc.)	fetë (f)	[fétə]
pedaço (~ de bolo)	copë (f)	[tsópə]
migalha (f)	dromcë (f)	[drómtsə]

51. Pratos cozinhados

prato (m)	pjatë (f)	[pjátə]
cozinha (~ portuguesa)	kuzhinë (f)	[kuʒínə]
receita (f)	recetë (f)	[rɛtsétə]
porção (f)	racion (m)	[ratsión]

salada (f)	sallatë (f)	[saɬátə]
sopa (f)	supë (f)	[súpə]

caldo (m)	lëng mishi (m)	[lən míʃi]
sandes (f)	sandviç (m)	[sandvítʃ]
ovos (m pl) estrelados	vezë të skuqura (pl)	[vézə tə skúcura]

hambúrguer (m)	hamburger	[hamburgér]
bife (m)	biftek (m)	[bifték]

conduto (m)	garniturë (f)	[garnitúrə]
espaguete (m)	shpageti (pl)	[ʃpagéti]
puré (m) de batata	pure patatesh (f)	[puré patátɛʃ]
pizza (f)	pica (f)	[pítsa]
papa (f)	qull (m)	[cuɫ]
omelete (f)	omëletë (f)	[oməlétə]

cozido em água	i zier	[i zíɛr]
fumado	i tymosur	[i tymósur]
frito	i skuqur	[i skúcur]
seco	i tharë	[i θárə]
congelado	i ngrirë	[i ŋrírə]
em conserva	i marinuar	[i marinúar]

doce (açucarado)	i ëmbël	[i ə́mbəl]
salgado	i kripur	[i krípur]
frio	i ftohtë	[i ftóhtə]
quente	i nxehtë	[i ndzéhtə]
amargo	i hidhur	[i híður]
gostoso	i shijshëm	[i ʃíjʃəm]

cozinhar (em água a ferver)	ziej	[zíɛj]
fazer, preparar (vt)	gatuaj	[gatúaj]
fritar (vt)	skuq	[skuc]
aquecer (vt)	ngroh	[ŋróh]

salgar (vt)	hedh kripë	[hɛð krípə]
apimentar (vt)	hedh piper	[hɛð pipér]
ralar (vt)	rendoj	[rɛndój]
casca (f)	lëkurë (f)	[ləkúrə]
descascar (vt)	qëroj	[cərój]

52. Comida

carne (f)	mish (m)	[miʃ]
galinha (f)	pulë (f)	[púlə]
frango (m)	mish pule (m)	[miʃ púlɛ]
pato (m)	rosë (f)	[rósə]
ganso (m)	patë (f)	[pátə]
caça (f)	gjah (m)	[ɟáh]
peru (m)	mish gjel deti (m)	[miʃ ɟɛl déti]

carne (f) de porco	mish derri (m)	[miʃ déri]
carne (f) de vitela	mish viçi (m)	[miʃ vítʃi]
carne (f) de carneiro	mish qengji (m)	[miʃ cénɟi]
carne (f) de vaca	mish lope (m)	[miʃ lópɛ]
carne (f) de coelho	mish lepuri (m)	[miʃ lépuri]

chouriço, salsichão (m)	salsiçe (f)	[salsítʃɛ]
salsicha (f)	salsiçe vjeneze (f)	[salsítʃɛ vjɛnézɛ]
bacon (m)	proshutë (f)	[proʃútə]
fiambre (f)	sallam (m)	[saɫám]
presunto (m)	kofshë derri (f)	[kófʃə déri]
patê (m)	pate (f)	[paté]

fígado (m)	mëlçi (f)	[məltʃí]
carne (f) moída	hamburger (m)	[hamburgér]
língua (f)	gjuhë (f)	[ɟúhə]

ovo (m)	ve (f)	[vɛ]
ovos (m pl)	vezë (pl)	[vézə]
clara (f) do ovo	e bardhë veze (f)	[ɛ bárðə vézɛ]
gema (f) do ovo	e verdhë veze (f)	[ɛ vérðə vézɛ]

peixe (m)	peshk (m)	[pɛʃk]
marisco (m)	fruta deti (pl)	[frúta déti]
crustáceos (m pl)	krustace (pl)	[krustátsɛ]
caviar (m)	havjar (m)	[havjár]

caranguejo (m)	gaforre (f)	[gafórɛ]
camarão (m)	karkalec (m)	[karkaléts]
ostra (f)	midhje (f)	[míðjɛ]
lagosta (f)	karavidhe (f)	[karavíðɛ]
polvo (m)	oktapod (m)	[oktapód]
lula (f)	kallamarë (f)	[kałamárə]

esturjão (m)	bli (m)	[blí]
salmão (m)	salmon (m)	[salmón]
halibute (m)	shojzë e Atlantikut Verior (f)	[ʃójzə ɛ atlantíkut vɛriór]

bacalhau (m)	merluc (m)	[mɛrlúts]
cavala, sarda (f)	skumbri (m)	[skúmbri]
atum (m)	tunë (f)	[túnə]
enguia (f)	ngjalë (f)	[nɟálə]

truta (f)	troftë (f)	[tróftə]
sardinha (f)	sardele (f)	[sardélɛ]
lúcio (m)	mlysh (m)	[mlýʃ]
arenque (m)	harengë (f)	[haréŋə]

pão (m)	bukë (f)	[búkə]
queijo (m)	djath (m)	[djáθ]
açúcar (m)	sheqer (m)	[ʃɛcér]
sal (m)	kripë (f)	[krípə]

arroz (m)	oriz (m)	[oríz]
massas (f pl)	makarona (f)	[makaróna]
talharim (m)	makarona petë (f)	[makaróna pétə]

manteiga (f)	gjalp (m)	[ɟalp]
óleo (m) vegetal	vaj vegjetal (m)	[vaj vɛɟɛtál]
óleo (m) de girassol	vaj luledielli (m)	[vaj lulɛdiéłi]
margarina (f)	margarinë (f)	[margarínə]

| azeitonas (f pl) | ullinj (pl) | [utíɲ] |
| azeite (m) | vaj ulliri (m) | [vaj utíri] |

leite (m)	qumësht (m)	[cúməʃt]
leite (m) condensado	qumësht i kondensuar (m)	[cúməʃt i kondɛnsúar]
iogurte (m)	kos (m)	[kos]
nata (f)	salcë kosi (f)	[sáltsə kosi]

nata (f) do leite	krem qumështi (m)	[krɛm cúmǝʃti]
maionese (f)	majonezë (f)	[majonézǝ]
creme (m)	krem gjalpi (m)	[krɛm ɟálpi]

grãos (m pl) de cereais	drithëra (pl)	[dríθǝra]
farinha (f)	miell (m)	[míɛɫ]
enlatados (m pl)	konserva (f)	[konsérva]

flocos (m pl) de milho	kornfleiks (m)	[kornfléiks]
mel (m)	mjaltë (f)	[mjáltǝ]
doce (m)	reçel (m)	[rɛtʃél]
pastilha (f) elástica	çamçakëz (m)	[tʃamtʃakéz]

53. Bebidas

água (f)	ujë (m)	[újǝ]
água (f) potável	ujë i pijshëm (m)	[újǝ i píʃʃǝm]
água (f) mineral	ujë mineral (m)	[újǝ minɛrál]

sem gás	ujë natyral	[újǝ natyrál]
gaseificada	ujë i karbonuar	[újǝ i karbonúar]
com gás	ujë i gazuar	[újǝ i gazúar]
gelo (m)	akull (m)	[ákuɫ]
com gelo	me akull	[mɛ ákuɫ]

sem álcool	jo alkoolik	[jo alkoolík]
bebida (f) sem álcool	pije e lehtë (f)	[píjɛ ɛ léhtǝ]
refresco (m)	pije freskuese (f)	[píjɛ frɛskúɛsɛ]
limonada (f)	limonadë (f)	[limonádǝ]

bebidas (f pl) alcoólicas	likere (pl)	[likérɛ]
vinho (m)	verë (f)	[vérǝ]
vinho (m) branco	verë e bardhë (f)	[vérǝ ɛ bárðǝ]
vinho (m) tinto	verë e kuqe (f)	[vérǝ ɛ kúcɛ]

licor (m)	liker (m)	[likér]
champanhe (m)	shampanjë (f)	[ʃampáɲǝ]
vermute (m)	vermut (m)	[vɛrmút]

uísque (m)	uiski (m)	[víski]
vodka (f)	vodkë (f)	[vódkǝ]
gim (m)	xhin (m)	[dʒin]
conhaque (m)	konjak (m)	[koɲák]
rum (m)	rum (m)	[rum]

café (m)	kafe (f)	[káfɛ]
café (m) puro	kafe e zezë (f)	[káfɛ ɛ zézǝ]
café (m) com leite	kafe me qumësht (m)	[káfɛ mɛ cúmǝʃt]
cappuccino (m)	kapuçino (m)	[kaputʃíno]
café (m) solúvel	neskafe (f)	[nɛskáfɛ]

leite (m)	qumësht (m)	[cúmǝʃt]
coquetel (m)	koktej (m)	[koktéj]
batido (m) de leite	milkshake (f)	[milkʃákɛ]

sumo (m)	lëng frutash (m)	[ləŋ frútaʃ]
sumo (m) de tomate	lëng domatesh (m)	[ləŋ domátɛʃ]
sumo (m) de laranja	lëng portokalli (m)	[ləŋ portokáti]
sumo (m) fresco	lëng frutash i freskët (m)	[ləŋ frútaʃ i fréskət]

cerveja (f)	birrë (f)	[bírə]
cerveja (f) clara	birrë e lehtë (f)	[bírə ɛ léhtə]
cerveja (f) preta	birrë e zezë (f)	[bírə ɛ zézə]

chá (m)	çaj (m)	[tʃáj]
chá (m) preto	çaj i zi (m)	[tʃáj i zí]
chá (m) verde	çaj jeshil (m)	[tʃáj jɛʃíl]

54. Vegetais

| legumes (m pl) | perime (pl) | [pɛrímɛ] |
| verduras (f pl) | zarzavate (pl) | [zarzavátɛ] |

tomate (m)	domate (f)	[domátɛ]
pepino (m)	kastravec (m)	[kastravéts]
cenoura (f)	karotë (f)	[karótə]
batata (f)	patate (f)	[patátɛ]
cebola (f)	qepë (f)	[cépə]
alho (m)	hudhër (f)	[húðər]

couve (f)	lakër (f)	[lákər]
couve-flor (f)	lulelakër (f)	[lulɛlákər]
couve-de-bruxelas (f)	lakër Brukseli (f)	[lákər brukséli]
brócolos (m pl)	brokoli (m)	[brókoli]

beterraba (f)	panxhar (m)	[pandʒár]
beringela (f)	patëllxhan (m)	[patətdʒán]
curgete (f)	kungulleshë (m)	[kuŋutéʃə]

| abóbora (f) | kungull (m) | [kúŋut] |
| nabo (m) | rrepë (f) | [répə] |

salsa (f)	majdanoz (m)	[majdanóz]
funcho, endro (m)	kopër (f)	[kópər]
alface (f)	sallatë jeshile (f)	[satátə jɛʃílɛ]
aipo (m)	selino (f)	[sɛlíno]

| espargo (m) | asparagus (m) | [asparágus] |
| espinafre (m) | spinaq (m) | [spinác] |

| ervilha (f) | bizele (f) | [bizélɛ] |
| fava (f) | fasule (f) | [fasúlɛ] |

| milho (m) | misër (m) | [mísər] |
| feijão (m) | groshë (f) | [gróʃə] |

pimentão (m)	spec (m)	[spɛts]
rabanete (m)	rrepkë (f)	[répkə]
alcachofra (f)	angjinare (f)	[anɟinárɛ]

55. Frutos. Nozes

fruta (f)	frut (m)	[frut]
maçã (f)	mollë (f)	[mółǝ]
pera (f)	dardhë (f)	[dárðǝ]
limão (m)	limon (m)	[limón]
laranja (f)	portokall (m)	[portokáł]
morango (m)	luleshtrydhe (f)	[lulɛʃtrýðɛ]
tangerina (f)	mandarinë (f)	[mandarínǝ]
ameixa (f)	kumbull (f)	[kúmbuł]
pêssego (m)	pjeshkë (f)	[pjéʃkǝ]
damasco (m)	kajsi (f)	[kajsí]
framboesa (f)	mjedër (f)	[mjédǝr]
ananás (m)	ananas (m)	[ananás]
banana (f)	banane (f)	[banánɛ]
melancia (f)	shalqi (m)	[ʃalcí]
uva (f)	rrush (m)	[ruʃ]
ginja (f)	qershi vishnje (f)	[cɛrʃí víʃɲɛ]
cereja (f)	qershi (f)	[cɛrʃí]
meloa (f)	pjepër (m)	[pjépǝr]
toranja (f)	grejpfrut (m)	[grɛjpfrút]
abacate (m)	avokado (f)	[avokádo]
papaia (f)	papaja (f)	[papája]
manga (f)	mango (f)	[máɲo]
romã (f)	shegë (f)	[ʃégǝ]
groselha (f) vermelha	kaliboba e kuqe (f)	[kalibóba ɛ kúcɛ]
groselha (f) preta	kaliboba e zezë (f)	[kalibóba ɛ zézǝ]
groselha (f) espinhosa	kulumbri (f)	[kulumbrí]
mirtilo (m)	boronicë (f)	[boronítsǝ]
amora silvestre (f)	manaferra (f)	[manaféra]
uvas (f pl) passas	rrush i thatë (m)	[ruʃ i θátǝ]
figo (m)	fik (m)	[fik]
tâmara (f)	hurmë (f)	[húrmǝ]
amendoim (m)	kikirik (m)	[kikirík]
amêndoa (f)	bajame (f)	[bajámɛ]
noz (f)	arrë (f)	[árǝ]
avelã (f)	lajthi (f)	[lajθí]
coco (m)	arrë kokosi (f)	[árǝ kokósi]
pistáchios (m pl)	fëstëk (m)	[fǝsték]

56. Pão. Bolaria

pastelaria (f)	ëmbëlsira (pl)	[ǝmbǝlsíra]
pão (m)	bukë (f)	[búkǝ]
bolacha (f)	biskota (pl)	[biskóta]
chocolate (m)	çokollatë (f)	[tʃokołátǝ]
de chocolate	prej çokollate	[prɛj tʃokołátɛ]

rebuçado (m)	karamele (f)	[karamélɛ]
bolo (cupcake, etc.)	kek (m)	[kék]
bolo (m) de aniversário	tortë (f)	[tórtə]

tarte (~ de maçã)	tortë (f)	[tórtə]
recheio (m)	mbushje (f)	[mbúʃjɛ]

doce (m)	reçel (m)	[rɛtʃél]
geleia (f) de frutas	marmelatë (f)	[marmɛlátə]
waffle (m)	vafera (pl)	[vaféra]
gelado (m)	akullore (f)	[akuɫórɛ]
pudim (m)	puding (m)	[pudíŋ]

57. Especiarias

sal (m)	kripë (f)	[krípə]
salgado	i kripur	[i krípur]
salgar (vt)	hedh kripë	[hɛð krípə]

pimenta (f) preta	piper i zi (m)	[pipér i zi]
pimenta (f) vermelha	piper i kuq (m)	[pipér i kuc]
mostarda (f)	mustardë (f)	[mustárdə]
raiz-forte (f)	rrepë djegëse (f)	[répə djégəsɛ]

condimento (m)	salcë (f)	[sáltsə]
especiaria (f)	erëz (f)	[érəz]
molho (m)	salcë (f)	[sáltsə]
vinagre (m)	uthull (f)	[úθuɫ]

anis (m)	anisetë (f)	[anisétə]
manjericão (m)	borzilok (m)	[borzilók]
cravo (m)	karafil (m)	[karafíl]
gengibre (m)	xhenxhefil (m)	[dʒɛndʒɛfíl]
coentro (m)	koriandër (m)	[koriándər]
canela (f)	kanellë (f)	[kanéɫə]

sésamo (m)	susam (m)	[susám]
folhas (f pl) de louro	gjeth dafine (m)	[ɟɛθ dafínɛ]
páprica (f)	spec (m)	[spɛts]
cominho (m)	kumin (m)	[kumín]
açafrão (m)	shafran (m)	[ʃafrán]

INFORMAÇÃO PESSOAL. FAMÍLIA

58. Informação pessoal. Formulários

nome (m)	emër (m)	[émər]
apelido (m)	mbiemër (m)	[mbiémər]
data (f) de nascimento	datëlindje (f)	[datəlíndjɛ]
local (m) de nascimento	vendlindje (f)	[vɛndlíndjɛ]
nacionalidade (f)	kombësi (f)	[kombəsí]
lugar (m) de residência	vendbanim (m)	[vɛndbaním]
país (m)	shtet (m)	[ʃtɛt]
profissão (f)	profesion (m)	[profɛsión]
sexo (m)	gjinia (f)	[ɟinía]
estatura (f)	gjatësia (f)	[ɟatəsía]
peso (m)	peshë (f)	[péʃə]

59. Membros da família. Parentes

mãe (f)	nënë (f)	[nénə]
pai (m)	baba (f)	[babá]
filho (m)	bir (m)	[bir]
filha (f)	bijë (f)	[bíjə]
filha (f) mais nova	vajza e vogël (f)	[vájza ɛ vógəl]
filho (m) mais novo	djali i vogël (m)	[djáli i vógəl]
filha (f) mais velha	vajza e madhe (f)	[vájza ɛ máðɛ]
filho (m) mais velho	djali i vogël (m)	[djáli i vógəl]
irmão (m)	vëlla (m)	[vəɫá]
irmão (m) mais velho	vëllai i madh (m)	[vəɫái i mað]
irmão (m) mais novo	vëllai i vogël (m)	[vəɫai i vógəl]
irmã (f)	motër (f)	[mótər]
irmã (f) mais velha	motra e madhe (f)	[mótra ɛ máðɛ]
irmã (f) mais nova	motra e vogël (f)	[mótra ɛ vógəl]
primo (m)	kushëri (m)	[kuʃərí]
prima (f)	kushërirë (f)	[kuʃərírə]
mamã (f)	mami (f)	[mámi]
papá (m)	babi (m)	[bábi]
pais (pl)	prindër (pl)	[príndər]
criança (f)	fëmijë (f)	[fəmíjə]
crianças (f pl)	fëmijë (pl)	[fəmíjə]
avó (f)	gjyshe (f)	[ɟýʃɛ]
avô (m)	gjysh (m)	[ɟyʃ]

neto (m)	**nip** (m)	[nip]
neta (f)	**mbesë** (f)	[mbésə]
netos (pl)	**nipër e mbesa** (pl)	[nípər ε mbésa]
tio (m)	**dajë** (f)	[dájə]
tia (f)	**teze** (f)	[tézε]
sobrinho (m)	**nip** (m)	[nip]
sobrinha (f)	**mbesë** (f)	[mbésə]
sogra (f)	**vjehrrë** (f)	[vjéhrə]
sogro (m)	**vjehrri** (m)	[vjéhri]
genro (m)	**dhëndër** (m)	[ðə́ndər]
madrasta (f)	**njerkë** (f)	[ɲérkə]
padrasto (m)	**njerk** (m)	[ɲérk]
criança (f) de colo	**foshnjë** (f)	[fóʃnə]
bebé (m)	**fëmijë** (f)	[fəmíjə]
menino (m)	**djalosh** (m)	[djalóʃ]
mulher (f)	**bashkëshorte** (f)	[baʃkəʃórtε]
marido (m)	**bashkëshort** (m)	[baʃkəʃórt]
esposo (m)	**bashkëshort** (m)	[baʃkəʃórt]
esposa (f)	**bashkëshorte** (f)	[baʃkəʃórtε]
casado	**i martuar**	[i martúar]
casada	**e martuar**	[ε martúar]
solteiro	**beqar**	[bεcár]
solteirão (m)	**beqar** (m)	[bεcár]
divorciado	**i divorcuar**	[i divortsúar]
viúva (f)	**vejushë** (f)	[vεjúʃə]
viúvo (m)	**vejan** (m)	[vεján]
parente (m)	**kushëri** (m)	[kuʃərí]
parente (m) próximo	**kushëri i afërt** (m)	[kuʃərí i áfərt]
parente (m) distante	**kushëri i largët** (m)	[kuʃərí i lárgət]
parentes (m pl)	**kushërinj** (pl)	[kuʃəríɲ]
órfão (m)	**jetim** (m)	[jɛtím]
órfã (f)	**jetime** (f)	[jɛtímε]
tutor (m)	**kujdestar** (m)	[kujdεstár]
adotar (um filho)	**adoptoj**	[adoptój]
adotar (uma filha)	**adoptoj**	[adoptój]

60. Amigos. Colegas de trabalho

amigo (m)	**mik** (m)	[mik]
amiga (f)	**mike** (f)	[míkε]
amizade (f)	**miqësi** (f)	[micəsí]
ser amigos	**të miqësohem**	[tə micəsóhεm]
amigo (m)	**shok** (m)	[ʃok]
amiga (f)	**shoqe** (f)	[ʃócε]
parceiro (m)	**partner** (m)	[partnér]
chefe (m)	**shef** (m)	[ʃεf]

superior (m)	epror (m)	[εprór]
proprietário (m)	pronar (m)	[pronár]
subordinado (m)	vartës (m)	[vártəs]
colega (m)	koleg (m)	[kolég]
conhecido (m)	i njohur (m)	[i ɲóhur]
companheiro (m) de viagem	bashkudhëtar (m)	[baʃkuðətár]
colega (m) de classe	shok klase (m)	[ʃok klásɛ]
vizinho (m)	komshi (m)	[komʃí]
vizinha (f)	komshike (f)	[komʃíkɛ]
vizinhos (pl)	komshinj (pl)	[komʃíɲ]

CORPO HUMANO. MEDICINA

61. Cabeça

cabeça (f)	kokë (f)	[kókə]
cara (f)	fytyrë (f)	[fytýrə]
nariz (m)	hundë (f)	[húndə]
boca (f)	gojë (f)	[gójə]
olho (m)	sy (m)	[sy]
olhos (m pl)	sytë	[sýtə]
pupila (f)	bebëz (f)	[bébəz]
sobrancelha (f)	vetull (f)	[vétuɫ]
pestana (f)	qerpik (m)	[cɛrpík]
pálpebra (f)	qepallë (f)	[cɛpáɫə]
língua (f)	gjuhë (f)	[ɟúhə]
dente (m)	dhëmb (m)	[ðəmb]
lábios (m pl)	buzë (f)	[búzə]
maçãs (f pl) do rosto	mollëza (f)	[móɫəza]
gengiva (f)	mishrat e dhëmbëve	[míʃrat ɛ ðəmbəvɛ]
paladar (m)	qiellzë (f)	[ciéɫzə]
narinas (f pl)	vrimat e hundës (pl)	[vrímat ɛ húndəs]
queixo (m)	mjekër (f)	[mjékər]
mandíbula (f)	nofull (f)	[nófuɫ]
bochecha (f)	faqe (f)	[fácɛ]
testa (f)	ball (m)	[báɫ]
têmpora (f)	tëmth (m)	[təmθ]
orelha (f)	vesh (m)	[vɛʃ]
nuca (f)	zverk (m)	[zvɛrk]
pescoço (m)	qafë (f)	[cáfə]
garganta (f)	fyt (m)	[fyt]
cabelos (m pl)	flokë (pl)	[flókə]
penteado (m)	model flokësh (m)	[modél flókəʃ]
corte (m) de cabelo	prerje flokësh (f)	[prérjɛ flókəʃ]
peruca (f)	paruke (f)	[parúkɛ]
bigode (m)	mustaqe (f)	[mustácɛ]
barba (f)	mjekër (f)	[mjékər]
usar, ter (~ barba, etc.)	lë mjekër	[lə mjékər]
trança (f)	gërshet (m)	[gərʃét]
suíças (f pl)	baseta (f)	[baséta]
ruivo	flokëkuqe	[flokəkúcɛ]
grisalho	thinja	[θíɲa]
calvo	qeros	[cɛrós]
calva (f)	tullë (f)	[túɫə]

rabo-de-cavalo (m)	**bishtalec** (m)	[biʃtaléts]
franja (f)	**balluke** (f)	[batúkɛ]

62. Corpo humano

mão (f)	**dorë** (f)	[dórə]
braço (m)	**krah** (m)	[krah]
dedo (m)	**gisht i dorës** (m)	[gíʃt i dórəs]
dedo (m) do pé	**gisht i këmbës** (m)	[gíʃt i kémbəs]
polegar (m)	**gishti i madh** (m)	[gíʃti i máð]
dedo (m) mindinho	**gishti i vogël** (m)	[gíʃti i vógəl]
unha (f)	**thua** (f)	[θúa]
punho (m)	**grusht** (m)	[grúʃt]
palma (f) da mão	**pëllëmbë dore** (f)	[pətémbə dórɛ]
pulso (m)	**kyç** (m)	[kytʃ]
antebraço (m)	**parakrah** (m)	[parakráh]
cotovelo (m)	**bërryl** (m)	[bərýl]
ombro (m)	**shpatull** (f)	[ʃpátuł]
perna (f)	**këmbë** (f)	[kémbə]
pé (m)	**shputë** (f)	[ʃpútə]
joelho (m)	**gju** (m)	[ɟú]
barriga (f) da perna	**pulpë** (f)	[púlpə]
anca (f)	**ijë** (f)	[íjə]
calcanhar (m)	**thembër** (f)	[θémbər]
corpo (m)	**trup** (m)	[trup]
barriga (f)	**stomak** (m)	[stomák]
peito (m)	**kraharor** (m)	[kraharór]
seio (m)	**gjoks** (m)	[ɟóks]
lado (m)	**krah** (m)	[krah]
costas (f pl)	**kurriz** (m)	[kuríz]
região (f) lombar	**fundshpina** (f)	[fundʃpína]
cintura (f)	**beli** (m)	[béli]
umbigo (m)	**kërthizë** (f)	[kərθízə]
nádegas (f pl)	**vithe** (f)	[víθɛ]
traseiro (m)	**prapanica** (f)	[prapanítsa]
sinal (m)	**nishan** (m)	[niʃán]
sinal (m) de nascença	**shenjë lindjeje** (f)	[ʃéɲə líndjɛjɛ]
tatuagem (f)	**tatuazh** (m)	[tatuáʒ]
cicatriz (f)	**shenjë** (f)	[ʃéɲə]

63. Doenças

doença (f)	**sëmundje** (f)	[səmúndjɛ]
estar doente	**jam sëmurë**	[jam səmúrə]
saúde (f)	**shëndet** (m)	[ʃəndét]
nariz (m) a escorrer	**rrifë** (f)	[rífə]

amigdalite (f)	**grykët** (m)	[grýkət]
constipação (f)	**ftohje** (f)	[ftóhjɛ]
constipar-se (vr)	**ftohem**	[ftóhɛm]

bronquite (f)	**bronkit** (m)	[bronkít]
pneumonia (f)	**pneumoni** (f)	[pnɛumoní]
gripe (f)	**grip** (m)	[grip]

míope	**miop**	[mióp]
presbita	**presbit**	[prɛsbít]
estrabismo (m)	**strabizëm** (m)	[strabízəm]
estrábico	**strabik**	[strabík]
catarata (f)	**katarakt** (m)	[katarákt]
glaucoma (m)	**glaukoma** (f)	[glaukóma]

AVC (m), apoplexia (f)	**goditje** (f)	[godítjɛ]
ataque (m) cardíaco	**sulm në zemër** (m)	[sulm nə zémər]
enfarte (m) do miocárdio	**infarkt miokardiak** (m)	[infárkt miokardiák]
paralisia (f)	**paralizë** (f)	[paralízə]
paralisar (vt)	**paralizoj**	[paralizój]

alergia (f)	**alergji** (f)	[alɛɾʝí]
asma (f)	**astmë** (f)	[ástmə]
diabetes (f)	**diabet** (m)	[diabét]

dor (f) de dentes	**dhimbje dhëmbi** (f)	[ðímbjɛ ðə́mbi]
cárie (f)	**karies** (m)	[kariés]

diarreia (f)	**diarre** (f)	[diaré]
prisão (f) de ventre	**kapsllëk** (m)	[kapsɬǝ́k]
desarranjo (m) intestinal	**dispepsi** (f)	[dispɛpsí]
intoxicação (f) alimentar	**helmim** (m)	[hɛlmím]
intoxicar-se	**helmohem nga ushqimi**	[hɛlmóhɛm ŋa uʃcími]

artrite (f)	**artrit** (m)	[artrít]
raquitismo (m)	**rakit** (m)	[rakít]
reumatismo (m)	**reumatizëm** (m)	[rɛumatízəm]
arteriosclerose (f)	**arteriosklerozë** (f)	[artɛriosklɛrózə]

gastrite (f)	**gastrit** (m)	[gastrít]
apendicite (f)	**apendicit** (m)	[apɛnditsít]
colecistite (f)	**kolecistit** (m)	[kolɛtsistít]
úlcera (f)	**ulcerë** (f)	[ultsérə]

sarampo (m)	**fruth** (m)	[fruθ]
rubéola (f)	**rubeola** (f)	[rubɛóla]
iterícia (f)	**verdhëza** (f)	[vérðəza]
hepatite (f)	**hepatit** (m)	[hɛpatít]

esquizofrenia (f)	**skizofreni** (f)	[skizofrɛní]
raiva (f)	**sëmundje e tërbimit**	[səmúndjɛ ɛ tərbímit]
neurose (f)	**neurozë** (f)	[nɛurózə]
comoção (f) cerebral	**tronditje** (f)	[trondítjɛ]

cancro (m)	**kancer** (m)	[kantsér]
esclerose (f)	**sklerozë** (f)	[sklɛrózə]

esclerose (f) múltipla	sklerozë e shumëfishtë (f)	[sklɛrózə ɛ ʃuməfíʃtə]
alcoolismo (m)	alkoolizëm (m)	[alkoolízəm]
alcoólico (m)	alkoolik (m)	[alkoolík]
sífilis (f)	sifiliz (m)	[sifilíz]
SIDA (f)	SIDA (f)	[sída]
tumor (m)	tumor (m)	[tumór]
maligno	malinj	[malíɲ]
benigno	beninj	[bɛníɲ]
febre (f)	ethe (f)	[éθɛ]
malária (f)	malarie (f)	[malaríɛ]
gangrena (f)	gangrenë (f)	[gaɲrénə]
enjoo (m)	sëmundje deti (f)	[səmúndjɛ déti]
epilepsia (f)	epilepsi (f)	[ɛpilɛpsí]
epidemia (f)	epidemi (f)	[ɛpidɛmí]
tifo (m)	tifo (f)	[tífo]
tuberculose (f)	tuberkuloz (f)	[tubɛrkulóz]
cólera (f)	kolerë (f)	[kolérə]
peste (f)	murtaja (f)	[murtája]

64. Simtomas. Tratamentos. Parte 1

sintoma (m)	simptomë (f)	[simptómə]
temperatura (f)	temperaturë (f)	[tɛmpɛratúrə]
febre (f)	temperaturë e lartë (f)	[tɛmpɛratúrə ɛ lártə]
pulso (m)	puls (m)	[puls]
vertigem (f)	marrje mendsh (m)	[márjɛ méndʃ]
quente (testa, etc.)	i nxehtë	[i ndzéhtə]
calafrio (m)	drithërima (f)	[driθəríma]
pálido	i zbehur	[i zbéhur]
tosse (f)	kollë (f)	[kółə]
tossir (vi)	kollitem	[końítɛm]
espirrar (vi)	teshtij	[tɛʃtíj]
desmaio (m)	të fikët (f)	[tə fíkət]
desmaiar (vi)	bie të fikët	[bíɛ tə fíkət]
nódoa (f) negra	mavijosje (f)	[mavijósjɛ]
galo (m)	gungë (f)	[gúɲə]
magoar-se (vr)	godas	[godás]
pisadura (f)	lëndim (m)	[ləndím]
aleijar-se (vr)	lëndohem	[ləndóhɛm]
coxear (vi)	çaloj	[tʃalój]
deslocação (f)	dislokim (m)	[dislokím]
deslocar (vt)	del nga vendi	[dɛl ɲa véndi]
fratura (f)	thyerje (f)	[θýɛrjɛ]
fraturar (vt)	thyej	[θýɛj]
corte (m)	e prerë (f)	[ɛ prérə]
cortar-se (vr)	pres veten	[prɛs vétɛn]

hemorragia (f)	rrjedhje gjaku (f)	[rjéðjɛ ʝáku]
queimadura (f)	djegie (f)	[djégiɛ]
queimar-se (vr)	digjem	[díʝɛm]

picar (vt)	shpoj	[ʃpoj]
picar-se (vr)	shpohem	[ʃpóhɛm]
lesionar (vt)	dëmtoj	[dəmtój]
lesão (m)	dëmtim (m)	[dəmtím]
ferida (f), ferimento (m)	plagë (f)	[plágə]
trauma (m)	traumë (f)	[traúmə]

delirar (vi)	fol përçart	[fól pərtʃárt]
gaguejar (vi)	belbëzoj	[bɛlbəzój]
insolação (f)	pikë e diellit (f)	[píkə ɛ diéłit]

65. Simtomas. Tratamentos. Parte 2

dor (f)	dhimbje (f)	[ðímbjɛ]
farpa (no dedo)	cifël (f)	[tsífəl]

suor (m)	djersë (f)	[djérsə]
suar (vi)	djersij	[djɛrsíj]
vómito (m)	të vjella (f)	[tə vjéła]
convulsões (f pl)	konvulsione (f)	[konvulsiónɛ]

grávida	shtatzënë	[ʃtatzénə]
nascer (vi)	lind	[lind]
parto (m)	lindje (f)	[líndjɛ]
dar à luz	sjell në jetë	[sjɛł nə jétə]
aborto (m)	abort (m)	[abórt]

respiração (f)	frymëmarrje (f)	[fryməmárjɛ]
inspiração (f)	mbajtje e frymës (f)	[mbájtjɛ ɛ frýməs]
expiração (f)	lëshim i frymës (m)	[ləʃím i frýməs]
expirar (vi)	nxjerr frymën	[ndzjér frýmən]
inspirar (vi)	marr frymë	[mar frýmə]

inválido (m)	invalid (m)	[invalíd]
aleijado (m)	i gjymtuar (m)	[i ʝymtúar]
toxicodependente (m)	narkoman (m)	[narkomán]

surdo	shurdh	[ʃurð]
mudo	memec	[mɛméts]
surdo-mudo	shurdh-memec	[ʃurð-mɛméts]

louco (adj.)	i marrë	[i márə]
louco (m)	i çmendur (m)	[i tʃméndur]
louca (f)	e çmendur (f)	[ɛ tʃméndur]
ficar louco	çmendem	[tʃméndɛm]

gene (m)	gen (m)	[gɛn]
imunidade (f)	imunitet (m)	[imunitét]
hereditário	e trashëguar	[ɛ traʃəgúar]
congénito	e lindur	[ɛ líndur]

vírus (m)	virus (m)	[virús]
micróbio (m)	mikrob (m)	[mikrób]
bactéria (f)	bakterie (f)	[baktériɛ]
infeção (f)	infeksion (m)	[infɛksión]

66. Simtomas. Tratamentos. Parte 3

| hospital (m) | spital (m) | [spitál] |
| paciente (m) | pacient (m) | [patsiént] |

diagnóstico (m)	diagnozë (f)	[diagnózə]
cura (f)	kurë (f)	[kúrə]
tratamento (m) médico	trajtim mjekësor (m)	[trajtím mjɛkəsór]
curar-se (vr)	kurohem	[kuróhɛm]
tratar (vt)	kuroj	[kurój]
cuidar (pessoa)	kujdesem	[kujdésɛm]
cuidados (m pl)	kujdes (m)	[kujdés]

operação (f)	operacion (m)	[opɛratsión]
enfaixar (vt)	fashoj	[faʃój]
ligadura (f)	fashim (m)	[faʃím]

vacinação (f)	vaksinim (m)	[vaksiním]
vacinar (vt)	vaksinoj	[vaksinój]
injeção (f)	injeksion (m)	[iɲɛksión]
dar uma injeção	bëj injeksion	[bəj iɲɛksíon]

ataque (~ de asma, etc.)	atak (m)	[aták]
amputação (f)	amputim (m)	[amputím]
amputar (vt)	amputoj	[amputój]
coma (f)	komë (f)	[kómə]
estar em coma	jam në komë	[jam nə kómə]
reanimação (f)	kujdes intensiv (m)	[kujdés intɛnsív]

recuperar-se (vr)	shërohem	[ʃəróhɛm]
estado (~ de saúde)	gjendje (f)	[ɟéndjɛ]
consciência (f)	vetëdije (f)	[vɛtədíjɛ]
memória (f)	kujtesë (f)	[kujtésə]

tirar (vt)	heq	[hɛc]
chumbo (m), obturação (f)	mbushje (f)	[mbúʃjɛ]
chumbar, obturar (vt)	mbush	[mbúʃ]

| hipnose (f) | hipnozë (f) | [hipnózə] |
| hipnotizar (vt) | hipnotizim | [hipnotizím] |

67. Medicina. Drogas. Acessórios

medicamento (m)	ilaç (m)	[ilátʃ]
remédio (m)	mjekim (m)	[mjɛkím]
receitar (vt)	shkruaj recetë	[ʃkrúaj rɛtsétə]
receita (f)	recetë (f)	[rɛtsétə]

comprimido (m)	**pilulë** (f)	[pilúlə]
pomada (f)	**krem** (m)	[krɛm]
ampola (f)	**ampulë** (f)	[ampúlə]
preparado (m)	**përzierje** (f)	[pərzíɛrjɛ]
xarope (m)	**shurup** (m)	[ʃurúp]
cápsula (f)	**pilulë** (f)	[pilúlə]
remédio (m) em pó	**pudër** (f)	[púdər]
ligadura (f)	**fashë garze** (f)	[faʃə gárzɛ]
algodão (m)	**pambuk** (m)	[pambúk]
iodo (m)	**jod** (m)	[jod]
penso (m) rápido	**leukoplast** (m)	[lɛukoplást]
conta-gotas (f)	**pikatore** (f)	[pikatórɛ]
termómetro (m)	**termometër** (m)	[tɛrmométər]
seringa (f)	**shiringë** (f)	[ʃiríŋə]
cadeira (f) de rodas	**karrocë me rrota** (f)	[karótsə mɛ róta]
muletas (f pl)	**paterica** (f)	[patɛrítsa]
analgésico (m)	**qetësues** (m)	[cɛtəsúɛs]
laxante (m)	**laksativ** (m)	[laksatív]
álcool (m) etílico	**alkool dezinfektues** (m)	[alkoól dɛzinfɛktúɛs]
ervas (f pl) medicinais	**bimë mjekësore** (f)	[bímə mjɛkəsórɛ]
de ervas (chá ~)	**çaj bimor**	[tʃáj bimór]

APARTAMENTO

68. Apartamento

apartamento (m)	apartament (m)	[apartamént]
quarto (m)	dhomë (f)	[ðómǝ]
quarto (m) de dormir	dhomë gjumi (f)	[ðómǝ ɟúmi]
sala (f) de jantar	dhomë ngrënie (f)	[ðómǝ ŋrǝníɛ]
sala (f) de estar	dhomë ndeje (f)	[ðómǝ ndéjɛ]
escritório (m)	dhomë pune (f)	[ðómǝ púnɛ]
antessala (f)	hyrje (f)	[hýrjɛ]
quarto (m) de banho	banjo (f)	[báɲo]
toilette (lavabo)	tualet (m)	[tualét]
teto (m)	tavan (m)	[taván]
chão, soalho (m)	dysheme (f)	[dyʃɛmé]
canto (m)	qoshe (f)	[cóʃɛ]

69. Mobiliário. Interior

mobiliário (m)	orendi (f)	[orɛndí]
mesa (f)	tryezë (f)	[tryézǝ]
cadeira (f)	karrige (f)	[karígɛ]
cama (f)	shtrat (m)	[ʃtrat]
divã (m)	divan (m)	[diván]
cadeirão (m)	kolltuk (m)	[koɬtúk]
estante (f)	raft librash (m)	[ráft líbraʃ]
prateleira (f)	sergjen (m)	[sɛrɟén]
guarda-vestidos (m)	gardërobë (f)	[gardǝróbǝ]
cabide (m) de parede	varëse (f)	[várǝsɛ]
cabide (m) de pé	varëse xhaketash (f)	[várǝsɛ dʒakétaʃ]
cómoda (f)	komodë (f)	[komódǝ]
mesinha (f) de centro	tryezë e ulët (f)	[tryézǝ ɛ úlǝt]
espelho (m)	pasqyrë (f)	[pascýrǝ]
tapete (m)	qilim (m)	[cilím]
tapete (m) pequeno	tapet (m)	[tapét]
lareira (f)	oxhak (m)	[odʒák]
vela (f)	qiri (m)	[círi]
castiçal (m)	shandan (m)	[ʃandán]
cortinas (f pl)	perde (f)	[pérdɛ]
papel (m) de parede	tapiceri (f)	[tapitsɛrí]

estores (f pl)	grila (f)	[gríla]
candeeiro (m) de mesa	llambë tavoline (f)	[ɫámbə tavolínɛ]
candeeiro (m) de parede	llambadar muri (m)	[ɫambadár múri]
candeeiro (m) de pé	llambadar (m)	[ɫambadár]
lustre (m)	llambadar (m)	[ɫambadár]

perna (da cadeira, etc.)	këmbë (f)	[kə́mbə]
braço (m)	mbështetëse krahu (f)	[mbəʃtétəsɛ kráhu]
costas (f pl)	mbështetëse (f)	[mbəʃtétəsɛ]
gaveta (f)	sirtar (m)	[sirtár]

70. Quarto de dormir

roupa (f) de cama	çarçafë (pl)	[tʃartʃáfə]
almofada (f)	jastëk (m)	[jasték]
fronha (f)	këllëf jastëku (m)	[kəɫə́f jastéku]
cobertor (m)	jorgan (m)	[jorgán]
lençol (m)	çarçaf (m)	[tʃartʃáf]
colcha (f)	mbulesë (f)	[mbulésə]

71. Cozinha

cozinha (f)	kuzhinë (f)	[kuʒínə]
gás (m)	gaz (m)	[gaz]
fogão (m) a gás	sobë me gaz (f)	[sóbə mɛ gaz]
fogão (m) elétrico	sobë elektrike (f)	[sóbə ɛlɛktríkɛ]
forno (m)	furrë (f)	[fúrə]
forno (m) de micro-ondas	mikrovalë (f)	[mikroválə]

frigorífico (m)	frigorifer (m)	[frigorifér]
congelador (m)	frigorifer (m)	[frigorifér]
máquina (f) de lavar louça	pjatalarëse (f)	[pjatalárəsɛ]

moedor (m) de carne	grirëse mishi (f)	[grírəsɛ míʃi]
espremedor (m)	shtrydhëse frutash (f)	[ʃtrýðəsɛ frútaʃ]
torradeira (f)	toster (m)	[tostér]
batedeira (f)	mikser (m)	[miksér]

máquina (f) de café	makinë kafeje (f)	[makínə kaféjɛ]
cafeteira (f)	kafetierë (f)	[kafɛtiérə]
moinho (m) de café	mulli kafeje (f)	[muɫí káfɛjɛ]

chaleira (f)	çajnik (m)	[tʃajník]
bule (m)	çajnik (m)	[tʃajník]
tampa (f)	kapak (m)	[kapák]
coador (f) de chá	sitë çaji (f)	[sítə tʃáji]

colher (f)	lugë (f)	[lúgə]
colher (f) de chá	lugë çaji (f)	[lúgə tʃáji]
colher (f) de sopa	lugë gjelle (f)	[lúgə ɟétɛ]
garfo (m)	pirun (m)	[pirún]
faca (f)	thikë (f)	[θíkə]

louça (f)	enë kuzhine (f)	[énə kuʒínɛ]
prato (m)	pjatë (f)	[pjátə]
pires (m)	pjatë filxhani (f)	[pjátə fildʒáni]

cálice (m)	potir (m)	[potír]
copo (m)	gotë (f)	[gótə]
chávena (f)	filxhan (m)	[fildʒán]

açucareiro (m)	tas për sheqer (m)	[tas pər ʃɛcér]
saleiro (m)	kripore (f)	[kripórɛ]
pimenteiro (m)	enë piperi (f)	[énə pipéri]
manteigueira (f)	pjatë gjalpi (f)	[pjátə ɟálpi]

panela, caçarola (f)	tenxhere (f)	[tɛndʒérɛ]
frigideira (f)	tigan (m)	[tigán]
concha (f)	garuzhdë (f)	[garúʒdə]
passador (m)	kullesë (f)	[kuɫésə]
bandeja (f)	tabaka (f)	[tabaká]

garrafa (f)	shishe (f)	[ʃíʃɛ]
boião (m) de vidro	kavanoz (m)	[kavanóz]
lata (f)	kanoçe (f)	[ᵏanótʃɛ]

abre-garrafas (m)	hapëse shishesh (f)	[hapəsé ʃíʃɛʃ]
abre-latas (m)	hapëse kanoçesh (f)	[hapəsé kanótʃɛʃ]
saca-rolhas (m)	turjelë tapash (f)	[turjélə tápaʃ]
filtro (m)	filtër (m)	[fíltər]
filtrar (vt)	filtroj	[filtrój]

lixo (m)	pleh (m)	[plɛh]
balde (m) do lixo	kosh plehrash (m)	[koʃ pléhraʃ]

72. Casa de banho

quarto (m) de banho	banjo (f)	[báɲo]
água (f)	ujë (m)	[újə]
torneira (f)	rubinet (m)	[rubinét]
água (f) quente	ujë i nxehtë (f)	[újə i ndzéhtə]
água (f) fria	ujë i ftohtë (f)	[újə i ftóhtə]

pasta (f) de dentes	pastë dhëmbësh (f)	[pástə ðémbəʃ]
escovar os dentes	laj dhëmbët	[laj ðémbət]
escova (f) de dentes	furçë dhëmbësh (f)	[fúrtʃə ðémbəʃ]

barbear-se (vr)	rruhem	[rúhɛm]
espuma (f) de barbear	shkumë rroje (f)	[ʃkumə rójɛ]
máquina (f) de barbear	brisk (m)	[brísk]

lavar (vt)	laj duart	[laj dúart]
lavar-se (vr)	lahem	[láhɛm]
duche (m)	dush (m)	[duʃ]
tomar um duche	bëj dush	[bəj dúʃ]
banheira (f)	vaskë (f)	[váskə]
sanita (f)	tualet (m)	[tualét]

lavatório (m)	lavaman (m)	[lavamán]
sabonete (m)	sapun (m)	[sapún]
saboneteira (f)	pjatë sapuni (f)	[pjátə sapúni]

esponja (f)	sfungjer (m)	[sfunˌjér]
champô (m)	shampo (f)	[ʃampó]
toalha (f)	peshqir (m)	[pɛʃcír]
roupão (m) de banho	peshqir trupi (m)	[pɛʃcír trúpi]

lavagem (f)	larje (f)	[lárjɛ]
máquina (f) de lavar	makinë larëse (f)	[makínə lárəsɛ]
lavar a roupa	laj rroba	[laj róba]
detergente (m)	detergjent (m)	[dɛtɛrˌjént]

73. Eletrodomésticos

televisor (m)	televizor (m)	[tɛlɛvizór]
gravador (m)	inçizues me shirit (m)	[intʃizúɛs mɛ ʃirít]
videogravador (m)	video regjistrues (m)	[vídɛo rɛˌjistrúɛs]
rádio (m)	radio (f)	[rádio]
leitor (m)	kasetofon (m)	[kasɛtofón]

projetor (m)	projektor (m)	[projɛktór]
cinema (m) em casa	kinema shtëpie (f)	[kinɛmá ʃtəpíɛ]
leitor (m) de DVD	DVD player (m)	[dividí plɛjər]
amplificador (m)	amplifikator (m)	[amplifikatór]
console (f) de jogos	konsol video loje (m)	[konsól vídɛo lójɛ]

câmara (f) de vídeo	videokamerë (f)	[vidɛokamérə]
máquina (f) fotográfica	aparat fotografik (m)	[aparát fotografík]
câmara (f) digital	kamerë digjitale (f)	[kamérə diˌjitálɛ]

aspirador (m)	fshesë elektrike (f)	[fʃésə ɛlɛktríkɛ]
ferro (m) de engomar	hekur (m)	[hékur]
tábua (f) de engomar	tryezë për hekurosje (f)	[tryézə pər hɛkurósjɛ]

telefone (m)	telefon (m)	[tɛlɛfón]
telemóvel (m)	celular (m)	[tsɛlulár]
máquina (f) de escrever	makinë shkrimi (f)	[makínə ʃkrími]
máquina (f) de costura	makinë qepëse (f)	[makínə cépəsɛ]

microfone (m)	mikrofon (m)	[mikrofón]
auscultadores (m pl)	kufje (f)	[kúfjɛ]
controlo remoto (m)	telekomandë (f)	[tɛlɛkomándə]

CD (m)	CD (f)	[tsɛdé]
cassete (f)	kasetë (f)	[kasétə]
disco (m) de vinil	pllakë gramafoni (f)	[płákə gramafóni]

A TERRA. TEMPO

74. Espaço sideral

cosmos (m)	hapësirë (f)	[hapəsírə]
cósmico	hapësinor	[hapəsinór]
espaço (m) cósmico	kozmos (m)	[kozmós]
mundo (m)	botë (f)	[bótə]
universo (m)	univers	[univérs]
galáxia (f)	galaksi (f)	[galaksí]
estrela (f)	yll (m)	[yɫ]
constelação (f)	yllësi (f)	[yɫəsí]
planeta (m)	planet (m)	[planét]
satélite (m)	satelit (m)	[satɛlít]
meteorito (m)	meteor (m)	[mɛtɛór]
cometa (m)	kometë (f)	[kométə]
asteroide (m)	asteroid (m)	[astɛroíd]
órbita (f)	orbitë (f)	[orbítə]
girar (vi)	rrotullohet	[rotuɫóhɛt]
atmosfera (f)	atmosferë (f)	[atmosférə]
Sol (m)	Dielli (m)	[diéɫi]
Sistema (m) Solar	sistemi diellor (m)	[sistémi diɛɫór]
eclipse (m) solar	eklips diellor (m)	[ɛklíps diɛɫór]
Terra (f)	Toka (f)	[tóka]
Lua (f)	Hëna (f)	[hə́na]
Marte (m)	Marsi (m)	[mársi]
Vénus (m)	Venera (f)	[vɛnéra]
Júpiter (m)	Jupiteri (m)	[jupitéri]
Saturno (m)	Saturni (m)	[satúrni]
Mercúrio (m)	Merkuri (m)	[mɛrkúri]
Urano (m)	Urani (m)	[uráni]
Neptuno (m)	Neptuni (m)	[nɛptúni]
Plutão (m)	Pluto (f)	[plúto]
Via Láctea (f)	Rruga e Qumështit (f)	[rúga ɛ cúmeʃtit]
Ursa Maior (f)	Arusha e Madhe (f)	[arúʃa ɛ máðɛ]
Estrela Polar (f)	ylli i Veriut (m)	[yɫi i vériut]
marciano (m)	Marsian (m)	[marsián]
extraterrestre (m)	jashtëtokësor (m)	[jaʃtətokəsór]
alienígena (m)	alien (m)	[alién]
disco (m) voador	disk fluturues (m)	[dísk fluturúɛs]

nave (f) espacial	anije kozmike (f)	[aníjɛ kozmíkɛ]
estação (f) orbital	stacion kozmik (m)	[statsión kozmík]
lançamento (m)	ngritje (f)	[ŋrítjɛ]

motor (m)	motor (m)	[motór]
bocal (m)	dizë (f)	[dízə]
combustível (m)	karburant (m)	[karburánt]

cabine (f)	kabinë pilotimi (f)	[kabínə pilotími]
antena (f)	antenë (f)	[anténə]
vigia (f)	dritare anësore (f)	[dritárɛ anəsórɛ]
bateria (f) solar	panel solar (m)	[panél solár]
traje (m) espacial	veshje astronauti (f)	[véʃjɛ astronáuti]

| imponderabilidade (f) | mungesë graviteti (f) | [muɲésə gravitéti] |
| oxigénio (m) | oksigjen (m) | [oksiɟén] |

| acoplagem (f) | ndërlidhje në hapësirë (f) | [ndərlíðjɛ nə hapəsírə] |
| fazer uma acoplagem | stacionohem | [statsionóhɛm] |

observatório (m)	observator (m)	[obsɛrvatór]
telescópio (m)	teleskop (m)	[tɛlɛskóp]
observar (vt)	vëzhgoj	[vəʒgój]
explorar (vt)	eksploroj	[ɛksplorój]

75. A Terra

Terra (f)	Toka (f)	[tóka]
globo terrestre (Terra)	globi (f)	[glóbi]
planeta (m)	planet (m)	[planét]

atmosfera (f)	atmosferë (f)	[atmosférə]
geografia (f)	gjeografi (f)	[ɟɛografí]
natureza (f)	natyrë (f)	[natýrə]

globo (mapa esférico)	glob (m)	[glob]
mapa (m)	hartë (f)	[hártə]
atlas (m)	atlas (m)	[atlás]

| Europa (f) | Evropa (f) | [ɛvrópa] |
| Ásia (f) | Azia (f) | [azía] |

| África (f) | Afrika (f) | [afríka] |
| Austrália (f) | Australia (f) | [australía] |

América (f)	Amerika (f)	[amɛríka]
América (f) do Norte	Amerika Veriore (f)	[amɛríka vɛriórɛ]
América (f) do Sul	Amerika Jugore (f)	[amɛríka jugórɛ]

| Antártida (f) | Antarktika (f) | [antarktíka] |
| Ártico (m) | Arktiku (m) | [arktíku] |

76. Pontos cardeais

norte (m)	veri (m)	[vɛrí]
para norte	drejt veriut	[dréjt vériut]
no norte	në veri	[nə vɛrí]
do norte	verior	[vɛriór]
sul (m)	jug (m)	[jug]
para sul	drejt jugut	[dréjt júgut]
no sul	në jug	[nə jug]
do sul	jugor	[jugór]
oeste, ocidente (m)	perëndim (m)	[pɛrəndím]
para oeste	drejt perëndimit	[dréjt pɛrəndímit]
no oeste	në perëndim	[nə pɛrəndím]
ocidental	perëndimor	[pɛrəndimór]
leste, oriente (m)	lindje (f)	[líndjɛ]
para leste	drejt lindjes	[dréjt líndjɛs]
no leste	në lindje	[nə líndjɛ]
oriental	lindor	[lindór]

77. Mar. Oceano

mar (m)	det (m)	[dét]
oceano (m)	oqean (m)	[ocɛán]
golfo (m)	gji (m)	[ɟi]
estreito (m)	ngushticë (f)	[ŋuʃtítsə]
terra (f) firme	tokë (f)	[tókə]
continente (m)	kontinent (m)	[kontinént]
ilha (f)	ishull (m)	[íʃuɫ]
península (f)	gadishull (m)	[gadíʃuɫ]
arquipélago (m)	arkipelag (m)	[arkipɛlág]
baía (f)	gji (m)	[ɟi]
porto (m)	port (m)	[port]
lagoa (f)	lagunë (f)	[lagúnə]
cabo (m)	kep (m)	[kɛp]
atol (m)	atol (m)	[atól]
recife (m)	shkëmb nënujor (m)	[ʃkəmb nənujór]
coral (m)	koral (m)	[korál]
recife (m) de coral	korale nënujorë (f)	[korálɛ nənujórə]
profundo	i thellë	[i θétə]
profundidade (f)	thellësi (f)	[θɛtəsí]
abismo (m)	humnerë (f)	[humnérə]
fossa (f) oceânica	hendek (m)	[hɛndék]
corrente (f)	rrymë (f)	[rýmə]
banhar (vt)	rrethohet	[rɛθóhɛt]

litoral (m)	breg (m)	[brɛg]
costa (f)	bregdet (m)	[brɛgdét]

maré (f) alta	batica (f)	[batítsa]
maré (f) baixa	zbaticë (f)	[zbatítsə]
restinga (f)	cekëtinë (f)	[tsɛkətínə]
fundo (m)	fund i detit (m)	[fúnd i détit]

onda (f)	dallgë (f)	[dáɫgə]
crista (f) da onda	kreshtë (f)	[kréʃtə]
espuma (f)	shkumë (f)	[ʃkúmə]

tempestade (f)	stuhi (f)	[stuhí]
furacão (m)	uragan (m)	[uragán]
tsunami (m)	cunam (m)	[tsunám]
calmaria (f)	qetësi (f)	[cɛtəsí]
calmo	i qetë	[i cétə]

polo (m)	pol (m)	[pol]
polar	polar	[polár]

latitude (f)	gjerësi (f)	[ɟɛrəsí]
longitude (f)	gjatësi (f)	[ɟatəsí]
paralela (f)	paralele (f)	[paralélɛ]
equador (m)	ekuator (m)	[ɛkuatór]

céu (m)	qiell (m)	[cíɛɫ]
horizonte (m)	horizont (m)	[horizónt]
ar (m)	ajër (m)	[ájər]

farol (m)	fanar (m)	[fanár]
mergulhar (vi)	zhytem	[ʒýtɛm]
afundar-se (vr)	fundosje	[fundósjɛ]
tesouros (m pl)	thesare (pl)	[θɛsárɛ]

78. Nomes de Mares e Oceanos

Oceano (m) Atlântico	Oqeani Atlantik (m)	[ocɛáni atlantík]
Oceano (m) Índico	Oqeani Indian (m)	[ocɛáni indián]
Oceano (m) Pacífico	Oqeani Paqësor (m)	[ocɛáni pacəsór]
Oceano (m) Ártico	Oqeani Arktik (m)	[ocɛáni arktík]

Mar (m) Negro	Deti i Zi (m)	[déti i zí]
Mar (m) Vermelho	Deti i Kuq (m)	[déti i kúc]
Mar (m) Amarelo	Deti i Verdhë (m)	[déti i vérðə]
Mar (m) Branco	Deti i Bardhë (m)	[déti i bárðə]

Mar (m) Cáspio	Deti Kaspik (m)	[déti kaspík]
Mar (m) Morto	Deti i Vdekur (m)	[déti i vdékur]
Mar (m) Mediterrâneo	Deti Mesdhe (m)	[déti mɛsðé]

Mar (m) Egeu	Deti Egje (m)	[déti ɛɟé]
Mar (m) Adriático	Deti Adriatik (m)	[déti adriatík]
Mar (m) Arábico	Deti Arab (m)	[déti aráb]

Mar (m) do Japão	Deti i Japonisë (m)	[déti i japonísə]
Mar (m) de Bering	Deti Bering (m)	[déti bériŋ]
Mar (m) da China Meridional	Deti i Kinës Jugore (m)	[déti i kínəs jugórɛ]

Mar (m) de Coral	Deti Koral (m)	[déti korál]
Mar (m) de Tasman	Deti Tasman (m)	[déti tasmán]
Mar (m) do Caribe	Deti i Karaibeve (m)	[déti i karaíbɛvɛ]

| Mar (m) de Barents | Deti Barents (m) | [déti barénts] |
| Mar (m) de Kara | Deti Kara (m) | [déti kára] |

Mar (m) do Norte	Deti i Veriut (m)	[déti i vériut]
Mar (m) Báltico	Deti Baltik (m)	[déti baltík]
Mar (m) da Noruega	Deti Norvegjez (m)	[déti norvɛɟéz]

79. Montanhas

montanha (f)	mal (m)	[mal]
cordilheira (f)	vargmal (m)	[vargmál]
serra (f)	kresht malor (m)	[kréʃt malór]

cume (m)	majë (f)	[májə]
pico (m)	maja më e lartë (f)	[mája mə ɛ lártə]
sopé (m)	rrëza e malit (f)	[rəza ɛ málit]
declive (m)	shpat (m)	[ʃpat]

vulcão (m)	vullkan (m)	[vuɫkán]
vulcão (m) ativo	vullkan aktiv (m)	[vuɫkán aktív]
vulcão (m) extinto	vullkan i fjetur (m)	[vuɫkán i fjétur]

erupção (f)	shpërthim (m)	[ʃpərθím]
cratera (f)	krater (m)	[kratér]
magma (m)	magmë (f)	[mágmə]
lava (f)	llavë (f)	[ɫávə]
fundido (lava ~a)	i shkrirë	[i ʃkrírə]

desfiladeiro (m)	kanion (m)	[kanión]
garganta (f)	grykë (f)	[grýkə]
fenda (f)	çarje (f)	[tʃárjɛ]
precipício (m)	humnerë (f)	[humnérə]

passo, colo (m)	kalim (m)	[kalím]
planalto (m)	pllajë (f)	[pɫájə]
falésia (f)	shkëmb (m)	[ʃkəmb]
colina (f)	kodër (f)	[kódər]

glaciar (m)	akullnajë (f)	[akuɫnájə]
queda (f) d'água	ujëvarë (f)	[ujəvárə]
géiser (m)	gejzer (m)	[gɛjzér]
lago (m)	liqen (m)	[licén]

planície (f)	fushë (f)	[fúʃə]
paisagem (f)	peizazh (m)	[pɛizáʒ]
eco (m)	jehonë (f)	[jɛhónə]

alpinista (m)	alpinist (m)	[alpiníst]
escalador (m)	alpinist shkëmbßinjsh (m)	[alpiníst ʃkəmbiɲʃ]
conquistar (vt)	pushtoj majën	[puʃtój májən]
subida, escalada (f)	ngjitje (f)	[nʝítjɛ]

80. Nomes de montanhas

Alpes (m pl)	Alpet (pl)	[alpét]
monte Branco (m)	Montblanc (m)	[montblánk]
Pirineus (m pl)	Pirenejet (pl)	[pirɛnéjɛt]

Cárpatos (m pl)	Karpatet (m)	[karpátɛt]
montes (m pl) Urais	Malet Urale (pl)	[málɛt urálɛ]
Cáucaso (m)	Malet Kaukaze (pl)	[málɛt kaukázɛ]
Elbrus (m)	Mali Elbrus (m)	[máli ɛlbrús]

Altai (m)	Malet Altai (pl)	[málɛt altái]
Tian Shan (m)	Tian Shani (m)	[tían ʃáni]
Pamir (m)	Malet e Pamirit (m)	[málɛt ɛ pamírit]
Himalaias (m pl)	Himalajet (pl)	[himalájɛt]
monte (m) Everest	Mali Everest (m)	[máli ɛvɛrést]

| Cordilheira (f) dos Andes | andet (pl) | [ándɛt] |
| Kilimanjaro (m) | Mali Kilimanxharo (m) | [máli kilimandʒáro] |

81. Rios

rio (m)	lum (m)	[lum]
fonte, nascente (f)	burim (m)	[burím]
leito (m) do rio	shtrat lumi (m)	[ʃtrat lúmi]
bacia (f)	basen (m)	[basén]
desaguar no ...	rrjedh ...	[rjéð ...]

| afluente (m) | derdhje (f) | [dérðjɛ] |
| margem (do rio) | breg (m) | [brɛg] |

corrente (f)	rrymë (f)	[rýmə]
rio abaixo	rrjedhje e poshtme	[rjéðjɛ ɛ póʃtmɛ]
rio acima	rrjedhje e sipërme	[rjéðjɛ ɛ sípərmɛ]

inundação (f)	vërshim (m)	[vərʃím]
cheia (f)	përmbytje (f)	[pərmbýtjɛ]
transbordar (vi)	vërshon	[vərʃón]
inundar (vt)	përmbytet	[pərmbýtɛt]

| baixio (m) | cekëtinë (f) | [tsɛkətínə] |
| rápidos (m pl) | rrjedhë (f) | [rjéðə] |

barragem (f)	digë (f)	[dígə]
canal (m)	kanal (m)	[kanál]
reservatório (m) de água	rezervuar (m)	[rɛzɛrvuár]
eclusa (f)	pendë ujore (f)	[péndə ujórɛ]

corpo (m) de água	plan hidrik (m)	[plan hidrík]
pântano (m)	kënetë (f)	[kənétə]
tremedal (m)	moçal (m)	[motʃ ál]
remoinho (m)	vorbull (f)	[vórbuɫ]

arroio, regato (m)	përrua (f)	[pərúa]
potável	i pijshëm	[i píʃʃəm]
doce (água)	i freskët	[i frésket]

| gelo (m) | akull (m) | [ákuɫ] |
| congelar-se (vr) | ngrihet | [ŋríhɛt] |

82. Nomes de rios

| rio Sena (m) | Sena (f) | [séna] |
| rio Loire (m) | Loire (f) | [luar] |

rio Tamisa (m)	Temza (f)	[témza]
rio Reno (m)	Rajnë (m)	[rájnə]
rio Danúbio (m)	Danubi (m)	[danúbi]

rio Volga (m)	Volga (f)	[vólga]
rio Don (m)	Doni (m)	[dóni]
rio Lena (m)	Lena (f)	[léna]

rio Amarelo (m)	Lumi i Verdhë (m)	[lúmi i vérðə]
rio Yangtzé (m)	Jangce (f)	[jaŋtsé]
rio Mekong (m)	Mekong (m)	[mɛkóŋ]
rio Ganges (m)	Gang (m)	[gaŋ]

rio Nilo (m)	Lumi Nil (m)	[lúmi nil]
rio Congo (m)	Lumi Kongo (m)	[lúmi kóŋo]
rio Cubango (m)	Lumi Okavango (m)	[lúmi okaváŋo]
rio Zambeze (m)	Lumi Zambezi (m)	[lúmi zambézi]
rio Limpopo (m)	Lumi Limpopo (m)	[lúmi limpópo]
rio Mississípi (m)	Lumi Misisipi (m)	[lúmi misisípi]

83. Floresta

| floresta (f), bosque (m) | pyll (m) | [pyɫ] |
| florestal | pyjor | [pyjór] |

mata (f) cerrada	pyll i ngjeshur (m)	[pyɫ i nɟéʃur]
arvoredo (m)	zabel (m)	[zabél]
clareira (f)	lëndinë (f)	[ləndínə]

| matagal (f) | pyllëz (m) | [pýɫəz] |
| mato (m) | shkurre (f) | [ʃkúrɛ] |

vereda (f)	shteg (m)	[ʃtɛg]
ravina (f)	hon (m)	[hon]
árvore (f)	pemë (f)	[pémə]

folha (f)	gjeth (m)	[ɟɛθ]
folhagem (f)	gjethe (pl)	[ɟéθɛ]

queda (f) das folha	rënie e gjetheve (f)	[rəníɛ ɛ ɟéθɛvɛ]
cair (vi)	bien	[bíɛn]
topo (m)	maje (f)	[májɛ]

ramo (m)	degë (f)	[dégə]
galho (m)	degë (f)	[dégə]
botão, rebento (m)	syth (m)	[syθ]
agulha (f)	shtiza pishe (f)	[ʃtíza píʃɛ]
pinha (f)	lule pishe (f)	[lúlɛ píʃɛ]

buraco (m) de árvore	zgavër (f)	[zgávər]
ninho (m)	fole (f)	[folé]
toca (f)	strofull (f)	[strófuɬ]

tronco (m)	trung (m)	[truŋ]
raiz (f)	rrënjë (f)	[réɲə]
casca (f) de árvore	lëvore (f)	[ləvórɛ]
musgo (m)	myshk (m)	[myʃk]

arrancar pela raiz	shkul	[ʃkul]
cortar (vt)	pres	[prɛs]
desflorestar (vt)	shpyllëzoj	[ʃpyɬəzój]
toco, cepo (m)	cung (m)	[tsúŋ]

fogueira (f)	zjarr kampingu (m)	[zjar kampíɲu]
incêndio (m) florestal	zjarr në pyll (m)	[zjar nə pyɬ]
apagar (vt)	shuaj	[ʃúaj]

guarda-florestal (m)	roje pyjore (f)	[rójɛ pyjórɛ]
proteção (f)	mbrojtje (f)	[mbrójtjɛ]
proteger (a natureza)	mbroj	[mbrój]
caçador (m) furtivo	gjahtar i jashtëligjshëm (m)	[ɟahtár i jaʃtəlíɟʃəm]
armadilha (f)	grackë (f)	[grátskə]

colher (cogumelos, bagas)	mbledh	[mbléð]
perder-se (vr)	humb rrugën	[húmb rúgən]

84. Recursos naturais

recursos (m pl) naturais	burime natyrore (pl)	[burímɛ natyrórɛ]
minerais (m pl)	minerale (pl)	[minɛrálɛ]
depósitos (m pl)	depozita (pl)	[dɛpozíta]
jazida (f)	fushë (f)	[fúʃə]

extrair (vt)	nxjerr	[ndzjér]
extração (f)	nxjerrje mineralesh (f)	[ndzjérjɛ minɛrálɛʃ]
minério (m)	xehe (f)	[dzéhɛ]
mina (f)	minierë (f)	[miniérə]
poço (m) de mina	nivel (m)	[nivél]
mineiro (m)	minator (m)	[minatór]
gás (m)	gaz (m)	[gaz]

gasoduto (m)	gazsjellës (m)	[gazsjétəs]
petróleo (m)	naftë (f)	[náftə]
oleoduto (m)	naftësjellës (f)	[naftəsjétəs]
poço (m) de petróleo	pus nafte (m)	[pus náftɛ]
torre (f) petrolífera	burim nafte (m)	[burím náftɛ]
petroleiro (m)	anije-cisternë (f)	[aníjɛ-tsistérnə]

areia (f)	rërë (f)	[rérə]
calcário (m)	gur gëlqeror (m)	[gur gəlcɛrór]
cascalho (m)	zhavorr (m)	[ʒavór]
turfa (f)	torfë (f)	[tórfə]
argila (f)	argjilë (f)	[aɲílə]
carvão (m)	qymyr (m)	[cymýr]

ferro (m)	hekur (m)	[hékur]
ouro (m)	ar (m)	[ár]
prata (f)	argjend (m)	[aɲénd]
níquel (m)	nikel (m)	[nikél]
cobre (m)	bakër (m)	[bákər]

zinco (m)	zink (m)	[zink]
manganês (m)	mangan (m)	[maŋán]
mercúrio (m)	merkur (m)	[mɛrkúr]
chumbo (m)	plumb (m)	[plúmb]

mineral (m)	mineral (m)	[minɛrál]
cristal (m)	kristal (m)	[kristál]
mármore (m)	mermer (m)	[mɛrmér]
urânio (m)	uranium (m)	[uraniúm]

85. Tempo

tempo (m)	moti (m)	[móti]
previsão (f) do tempo	parashikimi i motit (m)	[paraʃikími i mótit]
temperatura (f)	temperaturë (f)	[tɛmpɛratúrə]
termómetro (m)	termometër (m)	[tɛrmométər]
barómetro (m)	barometër (m)	[barométər]

| húmido | i lagësht | [i lágəʃt] |
| humidade (f) | lagështi (f) | [lagəʃtí] |

calor (m)	vapë (f)	[vápə]
cálido	shumë nxehtë	[ʃúmə ndzéhtə]
está muito calor	është nxehtë	[éʃtə ndzéhtə]

| está calor | është ngrohtë | [éʃtə ŋróhtə] |
| quente | ngrohtë | [ŋróhtə] |

| está frio | bën ftohtë | [bən ftóhtə] |
| frio | i ftohtë | [i ftóhtə] |

sol (m)	diell (m)	[díɛɫ]
brilhar (vi)	ndriçon	[ndritʃón]
de sol, ensolarado	me diell	[mɛ díɛɫ]

nascer (vi)	agon	[agón]
pôr-se (vr)	perëndon	[pɛrəndón]
nuvem (f)	re (f)	[rɛ]
nublado	vranët	[vránət]
nuvem (f) preta	re shiu (f)	[rɛ ʃíu]
escuro, cinzento	vranët	[vránət]
chuva (f)	shi (m)	[ʃi]
está a chover	bie shi	[bíɛ ʃí]
chuvoso	me shi	[mɛ ʃí]
chuviscar (vi)	shi i imët	[ʃi i ímət]
chuva (f) torrencial	shi litar (m)	[ʃi litár]
chuvada (f)	stuhi shiu (f)	[stuhí ʃíu]
forte (chuva)	i fortë	[i fórtə]
poça (f)	brakë (f)	[brákə]
molhar-se (vr)	lagem	[lágɛm]
nevoeiro (m)	mjegull (f)	[mjéguɫ]
de nevoeiro	e mjegullt	[ɛ mjéguɫt]
neve (f)	borë (f)	[bórə]
está a nevar	bie borë	[bíɛ bórə]

86. Tempo extremo. Catástrofes naturais

trovoada (f)	stuhi (f)	[stuhí]
relâmpago (m)	vetëtimë (f)	[vɛtətímə]
relampejar (vi)	vetëton	[vɛtətón]
trovão (m)	bubullimë (f)	[bubuɫímə]
trovejar (vi)	bubullon	[bubuɫón]
está a trovejar	bubullon	[bubuɫón]
granizo (m)	breshër (m)	[bréʃər]
está a cair granizo	po bie breshër	[po biɛ bréʃər]
inundar (vt)	përmbytet	[pərmbýtɛt]
inundação (f)	përmbytje (f)	[pərmbýtjɛ]
terremoto (m)	tërmet (m)	[tərmét]
abalo, tremor (m)	lëkundje (f)	[ləkúndjɛ]
epicentro (m)	epiqendër (f)	[ɛpicéndər]
erupção (f)	shpërthim (m)	[ʃpərθím]
lava (f)	llavë (f)	[ɫávə]
turbilhão (m)	vorbull (f)	[vórbuɫ]
tornado (m)	tornado (f)	[tornádo]
tufão (m)	tajfun (m)	[tajfún]
furacão (m)	uragan (m)	[uragán]
tempestade (f)	stuhi (f)	[stuhí]
tsunami (m)	cunam (m)	[tsunám]

ciclone (m)	**ciklon** (m)	[tsiklón]
mau tempo (m)	**mot i keq** (m)	[mot i kɛc]
incêndio (m)	**zjarr** (m)	[zjar]
catástrofe (f)	**fatkeqësi** (f)	[fatkɛcəsí]
meteorito (m)	**meteor** (m)	[mɛtɛór]

avalanche (f)	**ortek** (m)	[orték]
deslizamento (f) de neve	**rrëshqitje bore** (f)	[rəʃcítjɛ bórɛ]
nevasca (f)	**stuhi bore** (f)	[stuhí bórɛ]
tempestade (f) de neve	**stuhi bore** (f)	[stuhí bórɛ]

FAUNA

87. Mamíferos. Predadores

predador (m)	**grabitqar** (m)	[grabitcár]
tigre (m)	**tigёr** (m)	[tígər]
leão (m)	**luan** (m)	[luán]
lobo (m)	**ujk** (m)	[ujk]
raposa (f)	**dhelpёr** (f)	[ðélpər]
jaguar (m)	**jaguar** (m)	[jaguár]
leopardo (m)	**leopard** (m)	[lɛopárd]
chita (f)	**gepard** (m)	[gɛpárd]
pantera (f)	**panterё e zezё** (f)	[pantérə ɛ zézə]
puma (m)	**puma** (f)	[púma]
leopardo-das-neves (m)	**leopard i borёs** (m)	[lɛopárd i bórəs]
lince (m)	**rrёqebull** (m)	[rəcébuɫ]
coiote (m)	**kojotё** (f)	[kojótə]
chacal (m)	**çakall** (m)	[tʃakáɫ]
hiena (f)	**hienё** (f)	[hiénə]

88. Animais selvagens

animal (m)	**kafshё** (f)	[káfʃə]
besta (f)	**bishё** (f)	[bíʃə]
esquilo (m)	**ketёr** (m)	[kétər]
ouriço (m)	**iriq** (m)	[iríc]
lebre (f)	**lepur i egёr** (m)	[lépur i égər]
coelho (m)	**lepur** (m)	[lépur]
texugo (m)	**vjedull** (f)	[vjéduɫ]
guaxinim (m)	**rakun** (m)	[rakún]
hamster (m)	**hamster** (m)	[hamstér]
marmota (f)	**marmot** (m)	[maɾmót]
toupeira (f)	**urith** (m)	[uríθ]
rato (m)	**mi** (m)	[mi]
ratazana (f)	**mi** (m)	[mi]
morcego (m)	**lakuriq** (m)	[lakuríc]
arminho (m)	**herminё** (f)	[hɛrmínə]
zibelina (f)	**kunadhe** (f)	[kunáðɛ]
marta (f)	**shqarth** (m)	[ʃcaɾθ]
doninha (f)	**nuselalё** (f)	[nusɛlálə]
vison (m)	**vizon** (m)	[vizón]

castor (m)	**kastor** (m)	[kastór]
lontra (f)	**vidër** (f)	[vídər]
cavalo (m)	**kali** (m)	[káli]
alce (m) americano	**dre brilopatë** (m)	[drɛ brilopátə]
veado (m)	**dre** (f)	[drɛ]
camelo (m)	**deve** (f)	[dévɛ]
bisão (m)	**bizon** (m)	[bizón]
auroque (m)	**bizon evropian** (m)	[bizón ɛvropián]
búfalo (m)	**buall** (m)	[búał]
zebra (f)	**zebër** (f)	[zébər]
antílope (m)	**antilopë** (f)	[antilópə]
corça (f)	**dre** (f)	[drɛ]
gamo (m)	**dre ugar** (m)	[drɛ ugár]
camurça (f)	**kamosh** (m)	[kamóʃ]
javali (m)	**derr i egër** (m)	[dér i égər]
baleia (f)	**balenë** (f)	[balénə]
foca (f)	**fokë** (f)	[fókə]
morsa (f)	**lopë deti** (f)	[lópə déti]
urso-marinho (m)	**fokë** (f)	[fókə]
golfinho (m)	**delfin** (m)	[dɛlfín]
urso (m)	**ari** (m)	[arí]
urso (m) branco	**ari polar** (m)	[arí polár]
panda (m)	**panda** (f)	[pánda]
macaco (em geral)	**majmun** (m)	[majmún]
chimpanzé (m)	**shimpanze** (f)	[ʃimpánzɛ]
orangotango (m)	**orangutan** (m)	[oraŋután]
gorila (m)	**gorillë** (f)	[goríłə]
macaco (m)	**majmun makao** (m)	[majmún makáo]
gibão (m)	**gibon** (m)	[gibón]
elefante (m)	**elefant** (m)	[ɛlɛfánt]
rinoceronte (m)	**rinoqeront** (m)	[rinocɛrónt]
girafa (f)	**gjirafë** (f)	[ɟiráfə]
hipopótamo (m)	**hipopotam** (m)	[hipopotám]
canguru (m)	**kangur** (m)	[kaŋúr]
coala (m)	**koala** (f)	[koála]
mangusto (m)	**mangustë** (f)	[maŋústə]
chinchila (f)	**çinçila** (f)	[tʃintʃíla]
doninha-fedorenta (f)	**qelbës** (m)	[célbəs]
porco-espinho (m)	**ferrëgjatë** (m)	[fɛrəɟátə]

89. Animais domésticos

gata (f)	**mace** (f)	[mátsɛ]
gato (m) macho	**maçok** (m)	[matʃók]
cão (m)	**qen** (m)	[cɛn]

cavalo (m)	**kali** (m)	[káli]
garanhão (m)	**hamshor** (m)	[hamʃór]
égua (f)	**pelë** (f)	[pélə]

vaca (f)	**lopë** (f)	[lópə]
touro (m)	**dem** (m)	[dém]
boi (m)	**ka** (m)	[ka]

ovelha (f)	**dele** (f)	[délɛ]
carneiro (m)	**dash** (m)	[daʃ]
cabra (f)	**dhi** (f)	[ði]
bode (m)	**cjap** (m)	[tsjáp]

burro (m)	**gomar** (m)	[gomár]
mula (f)	**mushkë** (f)	[múʃkə]

porco (m)	**derr** (m)	[dɛr]
porquinho (m)	**derrkuc** (m)	[dɛrkúts]
coelho (m)	**lepur** (m)	[lépur]

galinha (f)	**pulë** (f)	[púlə]
galo (m)	**gjel** (m)	[ɟél]

pato (m), pata (f)	**rosë** (f)	[rósə]
pato (macho)	**rosak** (m)	[rosák]
ganso (m)	**patë** (f)	[pátə]

peru (m)	**gjel deti i egër** (m)	[ɟél déti i égər]
perua (f)	**gjel deti** (m)	[ɟél déti]

animais (m pl) domésticos	**kafshë shtëpiake** (f)	[káfʃə ʃtəpiákɛ]
domesticado	**i zbutur**	[i zbútur]
domesticar (vt)	**zbus**	[zbus]
criar (vt)	**rrit**	[rit]

quinta (f)	**fermë** (f)	[férmə]
aves (f pl) domésticas	**pulari** (f)	[pularí]
gado (m)	**bagëti** (f)	[bagətí]
rebanho (m), manada (f)	**kope** (f)	[kopé]

estábulo (m)	**stallë** (f)	[stáłə]
pocilga (f)	**stallë e derrave** (f)	[stáłə ɛ déravɛ]
estábulo (m)	**stallë e lopëve** (f)	[stáłə ɛ lópəvɛ]
coelheira (f)	**kolibe lepujsh** (f)	[kolíbɛ lépujʃ]
galinheiro (m)	**kotec** (m)	[kotéts]

90. Pássaros

pássaro, ave (m)	**zog** (m)	[zog]
pombo (m)	**pëllumb** (m)	[pəłúmb]
pardal (m)	**harabel** (m)	[harabél]
chapim-real (m)	**xhixhimës** (m)	[dʒidʒimés]
pega-rabuda (f)	**laraskë** (f)	[laráskə]
corvo (m)	**korb** (m)	[korb]

gralha (f) cinzenta	sorrë (f)	[sórə]
gralha-de-nuca-cinzenta (f)	galë (f)	[gálə]
gralha-calva (f)	sorrë (f)	[sórə]
pato (m)	rosë (f)	[rósə]
ganso (m)	patë (f)	[pátə]
faisão (m)	fazan (m)	[fazán]
águia (f)	shqiponjë (f)	[ʃcipóɲə]
açor (m)	gjeraqinë (f)	[ɟɛracínə]
falcão (m)	fajkua (f)	[fajkúa]
abutre (m)	hutë (f)	[hútə]
condor (m)	kondor (m)	[kondór]
cisne (m)	mjellmë (f)	[mjéɫmə]
grou (m)	lejlek (m)	[lɛjlék]
cegonha (f)	lejlek (m)	[lɛjlék]
papagaio (m)	papagall (m)	[papagáɫ]
beija-flor (m)	kolibri (m)	[kolíbri]
pavão (m)	pallua (m)	[paɫúa]
avestruz (f)	struc (m)	[struts]
garça (f)	çafkë (f)	[tʃáfkə]
flamingo (m)	flamingo (m)	[flamíɲo]
pelicano (m)	pelikan (m)	[pɛlikán]
rouxinol (m)	bilbil (m)	[bilbíl]
andorinha (f)	dallëndyshe (f)	[daɫəndýʃɛ]
tordo-zornal (m)	mëllenjë (f)	[məɫéɲə]
tordo-músico (m)	grifsha (f)	[gríʃʃa]
melro-preto (m)	mëllenjë (f)	[məɫéɲə]
andorinhão (m)	dallëndyshe (f)	[daɫəndýʃɛ]
cotovia (f)	thëllëzë (f)	[θəɫézə]
codorna (f)	trumcak (m)	[trumtsák]
pica-pau (m)	qukapik (m)	[cukapík]
cuco (m)	kukuvajkë (f)	[kukuvájkə]
coruja (f)	buf (m)	[buf]
corujão, bufo (m)	buf mbretëror (m)	[buf mbrɛtərór]
tetraz-grande (m)	fazan i pyllit (m)	[fazán i pýɫit]
tetraz-lira (m)	fazan i zi (m)	[fazán i zí]
perdiz-cinzenta (f)	thëllëzë (f)	[θəɫézə]
estorninho (m)	gargull (m)	[gárguɫ]
canário (m)	kanarinë (f)	[kanarínə]
galinha-do-mato (f)	fazan mali (m)	[fazán máli]
tentilhão (m)	trishtil (m)	[triʃtíl]
dom-fafe (m)	trishtil dimri (m)	[triʃtíl dímri]
gaivota (f)	pulëbardhë (f)	[puləbárðə]
albatroz (m)	albatros (m)	[albatrós]
pinguim (m)	penguin (m)	[pɛŋuín]

91. Peixes. Animais marinhos

brema (f)	krapuliq (m)	[krapulíc]
carpa (f)	krap (m)	[krap]
perca (f)	perç (m)	[pɛrtʃ]
siluro (m)	mustak (m)	[musták]
lúcio (m)	mlysh (m)	[mlýʃ]
salmão (m)	salmon (m)	[salmón]
esturjão (m)	bli (m)	[blí]
arenque (m)	harengë (f)	[haréŋə]
salmão (m)	salmon Atlantiku (m)	[salmón atlantíku]
cavala, sarda (f)	skumbri (m)	[skúmbri]
solha (f)	shojzë (f)	[ʃójzə]
lúcio perca (m)	troftë (f)	[tróftə]
bacalhau (m)	merluc (m)	[mɛrlúts]
atum (m)	tunë (f)	[túnə]
truta (f)	troftë (f)	[tróftə]
enguia (f)	ngjalë (f)	[ɲálə]
raia elétrica (f)	peshk elektrik (m)	[pɛʃk ɛlɛktrík]
moreia (f)	ngjalë morel (f)	[ɲálə morél]
piranha (f)	piranja (f)	[piráɲa]
tubarão (m)	peshkaqen (m)	[pɛʃkacén]
golfinho (m)	delfin (m)	[dɛlfín]
baleia (f)	balenë (f)	[balénə]
caranguejo (m)	gaforre (f)	[gafórɛ]
medusa, alforreca (f)	kandil deti (m)	[kandíl déti]
polvo (m)	oktapod (m)	[oktapód]
estrela-do-mar (f)	yll deti (m)	[yɫ déti]
ouriço-do-mar (m)	iriq deti (m)	[iríc déti]
cavalo-marinho (m)	kalë deti (m)	[kálə déti]
ostra (f)	midhje (f)	[míðjɛ]
camarão (m)	karkalec (m)	[karkaléts]
lavagante (m)	karavidhe (f)	[karavíðɛ]
lagosta (f)	karavidhe (f)	[karavíðɛ]

92. Amfíbios. Répteis

serpente, cobra (f)	gjarpër (m)	[ɟárpər]
venenoso	helmues	[hɛlmúɛs]
víbora (f)	nepërka (f)	[nɛpérka]
cobra-capelo, naja (f)	kobra (f)	[kóbra]
pitão (m)	piton (m)	[pitón]
jiboia (f)	boa (f)	[bóa]
cobra-de-água (f)	kular (m)	[kulár]

cascavel (f)	gjarpër me zile (m)	[ɲárpər mɛ zílɛ]
anaconda (f)	anakonda (f)	[anakónda]
lagarto (m)	hardhucë (f)	[harðútsə]
iguana (f)	iguana (f)	[iguána]
varano (m)	varan (m)	[varán]
salamandra (f)	salamandër (f)	[salamándər]
camaleão (m)	kameleon (m)	[kamɛlɛón]
escorpião (m)	akrep (m)	[akrép]
tartaruga (f)	breshkë (f)	[bréʃkə]
rã (f)	bretkosë (f)	[brɛtkósə]
sapo (m)	zhabë (f)	[ʒábə]
crocodilo (m)	krokodil (m)	[krokodíl]

93. Insetos

inseto (m)	insekt (m)	[insékt]
borboleta (f)	flutur (f)	[flútur]
formiga (f)	milingonë (f)	[miliŋónə]
mosca (f)	mizë (f)	[mízə]
mosquito (m)	mushkonjë (f)	[muʃkóɲə]
escaravelho (m)	brumbull (m)	[brúmbuɫ]
vespa (f)	grerëz (f)	[grérəz]
abelha (f)	bletë (f)	[blétə]
zangão (m)	greth (m)	[grɛθ]
moscardo (m)	zekth (m)	[zɛkθ]
aranha (f)	merimangë (f)	[mɛrimáɲə]
teia (f) de aranha	rrjetë merimange (f)	[rjétə mɛrimáɲɛ]
libélula (f)	pilivesë (f)	[pilivésə]
gafanhoto-do-campo (m)	karkalec (m)	[karkaléts]
traça (f)	molë (f)	[mólə]
barata (f)	kacabu (f)	[katsabú]
carraça (f)	rriqër (m)	[rícər]
pulga (f)	plesht (m)	[plɛʃt]
borrachudo (m)	mushicë (f)	[muʃítsə]
gafanhoto (m)	gjinkallë (f)	[ɲinkáɫə]
caracol (m)	kërmill (m)	[kərmíɫ]
grilo (m)	bulkth (m)	[búlkθ]
pirilampo (m)	xixëllonjë (f)	[dzidzəɫóɲə]
joaninha (f)	mollëkuqe (f)	[moɫəkútsɛ]
besouro (m)	vizhë (f)	[víʒə]
sanguessuga (f)	shushunjë (f)	[ʃuʃúɲə]
lagarta (f)	vemje (f)	[vémjɛ]
minhoca (f)	krimb toke (m)	[krímb tókɛ]
larva (f)	larvë (f)	[lárvə]

FLORA

94. Árvores

árvore (f)	pemë (f)	[pémə]
decídua	gjethor	[ɟɛθór]
conífera	halor	[halór]
perene	përherë të gjelbra	[pərhérə tə ɟélbra]

macieira (f)	pemë molle (f)	[pémə móɫɛ]
pereira (f)	pemë dardhe (f)	[pémə dárðɛ]
cerejeira (f)	pemë qershie (f)	[pémə cɛrʃíɛ]
ginjeira (f)	pemë qershi vishnje (f)	[pémə cɛrʃí víʃɲɛ]
ameixeira (f)	pemë kumbulle (f)	[pémə kúmbuɫɛ]

bétula (f)	mështekna (f)	[məʃtékna]
carvalho (m)	lis (m)	[lis]
tília (f)	bli (m)	[blí]
choupo-tremedor (m)	plep i egër (m)	[plɛp i égər]
bordo (m)	panjë (f)	[páɲə]
espruce-europeu (m)	bredh (m)	[brɛð]
pinheiro (m)	pishë (f)	[píʃə]
alerce, lariço (m)	larsh (m)	[lárʃ]
abeto (m)	bredh i bardhë (m)	[brɛð i bárðə]
cedro (m)	kedër (m)	[kédər]

choupo, álamo (m)	plep (m)	[plɛp]
tramazeira (f)	vadhë (f)	[váðə]
salgueiro (m)	shelg (m)	[ʃɛlg]
amieiro (m)	verr (m)	[vɛr]
faia (f)	ah (m)	[ah]
ulmeiro (m)	elm (m)	[élm]
freixo (m)	shelg (m)	[ʃɛlg]
castanheiro (m)	gështenjë (f)	[gəʃtéɲə]

magnólia (f)	manjolia (f)	[maɲólia]
palmeira (f)	palma (f)	[pálma]
cipreste (m)	qiparis (m)	[ciparís]

mangue (m)	rizoforë (f)	[rizofórə]
embondeiro, baobá (m)	baobab (m)	[baobáb]
eucalipto (m)	eukalipt (m)	[ɛukalípt]
sequoia (f)	sekuojë (f)	[sɛkuójə]

95. Arbustos

arbusto (m)	shkurre (f)	[ʃkúrɛ]
arbusto (m), moita (f)	kaçube (f)	[katʃúbɛ]

| videira (f) | hardhi (f) | [harðí] |
| vinhedo (m) | vreshtë (f) | [vréʃtə] |

framboeseira (f)	mjedër (f)	[mjédər]
groselheira-preta (f)	kaliboba e zezë (f)	[kalibóba ɛ zézə]
groselheira-vermelha (f)	kaliboba e kuqe (f)	[kalibóba ɛ kúcɛ]
groselheira (f) espinhosa	shkurre kulumbrie (f)	[ʃkúrɛ kulumbríɛ]

acácia (f)	akacie (f)	[akátsiɛ]
bérberis (f)	krespinë (f)	[krɛspínə]
jasmim (m)	jasemin (m)	[jasɛmín]

junípero (m)	dëllinjë (f)	[dətíɲə]
roseira (f)	trëndafil (m)	[trəndafíl]
roseira (f) brava	trëndafil i egër (m)	[trəndafíl i égər]

96. Frutos. Bagas

| fruta (f) | frut (m) | [frut] |
| frutas (f pl) | fruta (pl) | [frúta] |

maçã (f)	mollë (f)	[móɫə]
pera (f)	dardhë (f)	[dárðə]
ameixa (f)	kumbull (f)	[kúmbuɫ]

morango (m)	luleshtrydhe (f)	[lulɛʃtrýðɛ]
ginja (f)	qershi vishnje (f)	[cɛrʃí víʃnɛ]
cereja (f)	qershi (f)	[cɛrʃí]
uva (f)	rrush (m)	[ruʃ]

framboesa (f)	mjedër (f)	[mjédər]
groselha (f) preta	kaliboba e zezë (f)	[kalibóba ɛ zézə]
groselha (f) vermelha	kaliboba e kuqe (f)	[kalibóba ɛ kúcɛ]
groselha (f) espinhosa	kulumbri (f)	[kulumbrí]
oxicoco (m)	boronica (f)	[boronítsa]

laranja (f)	portokall (m)	[portokáɫ]
tangerina (f)	mandarinë (f)	[mandarínə]
ananás (m)	ananas (m)	[ananás]
banana (f)	banane (f)	[banánɛ]
tâmara (f)	hurmë (f)	[húrmə]

limão (m)	limon (m)	[limón]
damasco (m)	kajsi (f)	[kajsí]
pêssego (m)	pjeshkë (f)	[pjéʃkə]

| kiwi (m) | kivi (m) | [kívi] |
| toranja (f) | grejpfrut (m) | [grɛjpfrút] |

baga (f)	manë (f)	[mánə]
bagas (f pl)	mana (f)	[mána]
arando (m) vermelho	boronicë mirtile (f)	[boronítsə mirtílɛ]
morango-silvestre (m)	luleshtrydhe e egër (f)	[lulɛʃtrýðɛ ɛ égər]
mirtilo (m)	boronicë (f)	[boronítsə]

97. Flores. Plantas

flor (f)	lule (f)	[lúlɛ]
ramo (m) de flores	buqetë (f)	[bucétə]
rosa (f)	trëndafil (m)	[trəndafíl]
tulipa (f)	tulipan (m)	[tulipán]
cravo (m)	karafil (m)	[karafíl]
gladíolo (m)	gladiolë (f)	[gladiólə]
centáurea (f)	lule misri (f)	[lúlɛ mísri]
campânula (f)	lule këmborë (f)	[lúlɛ kəmbórə]
dente-de-leão (m)	luleradhiqe (f)	[lulɛraðícɛ]
camomila (f)	kamomil (m)	[kamomíl]
aloé (m)	aloe (f)	[alóɛ]
cato (m)	kaktus (m)	[kaktús]
fícus (m)	fikus (m)	[fíkus]
lírio (m)	zambak (m)	[zambák]
gerânio (m)	barbarozë (f)	[barbarózə]
jacinto (m)	zymbyl (m)	[zymbýl]
mimosa (f)	mimoza (f)	[mimóza]
narciso (m)	narcis (m)	[nartsís]
capuchinha (f)	lule këmbore (f)	[lúlɛ kəmbórɛ]
orquídea (f)	orkide (f)	[orkidé]
peónia (f)	bozhure (f)	[boʒúrɛ]
violeta (f)	vjollcë (f)	[vjóɫtsə]
amor-perfeito (m)	lule vjollca (f)	[lúlɛ vjóɫtsa]
não-me-esqueças (m)	mosmëharro (f)	[mosməharó]
margarida (f)	margaritë (f)	[margarítə]
papoula (f)	lulëkuqe (f)	[luləkúcɛ]
cânhamo (m)	kërp (m)	[kérp]
hortelã (f)	mendër (f)	[méndər]
lírio-do-vale (m)	zambak i fushës (m)	[zambák i fúʃəs]
campânula-branca (f)	luleborë (f)	[lulɛbórə]
urtiga (f)	hithra (f)	[híθra]
azeda (f)	lëpjeta (f)	[ləpjéta]
nenúfar (m)	zambak uji (m)	[zambák úji]
feto (m), samambaia (f)	fier (m)	[fíɛr]
líquen (m)	likene (f)	[likénɛ]
estufa (f)	serrë (f)	[sérə]
relvado (m)	lëndinë (f)	[ləndínə]
canteiro (m) de flores	kënd lulishteje (m)	[kənd lulíʃtɛjɛ]
planta (f)	bimë (f)	[bímə]
erva (f)	bar (m)	[bar]
folha (f) de erva	fije bari (f)	[fíjɛ bári]

folha (f)	gjeth (m)	[ɟɛθ]
pétala (f)	petale (f)	[pɛtálɛ]
talo (m)	bisht (m)	[biʃt]
tubérculo (m)	zhardhok (m)	[ʒarðók]

| broto, rebento (m) | filiz (m) | [filíz] |
| espinho (m) | gjemb (m) | [ɟémb] |

florescer (vi)	lulëzoj	[luləzój]
murchar (vi)	vyshket	[výʃkɛt]
cheiro (m)	aromë (f)	[arómə]
cortar (flores)	pres lulet	[prɛs lúlɛt]
colher (uma flor)	mbledh lule	[mbléð lúlɛ]

98. Cereais, grãos

grão (m)	drithë (m)	[dríθə]
cereais (plantas)	drithëra (pl)	[dríθəra]
espiga (f)	kaush (m)	[kaúʃ]

trigo (m)	grurë (f)	[grúrə]
centeio (m)	thekër (f)	[θékər]
aveia (f)	tërshërë (f)	[tərʃérə]
milho-miúdo (m)	mel (m)	[mɛl]
cevada (f)	elb (m)	[ɛlb]

milho (m)	misër (m)	[mísər]
arroz (m)	oriz (m)	[oríz]
trigo-sarraceno (m)	hikërr (m)	[híkər]

ervilha (f)	bizele (f)	[bizélɛ]
feijão (m)	groshë (f)	[gróʃə]
soja (f)	sojë (f)	[sójə]
lentilha (f)	thjerrëz (f)	[θjérəz]
fava (f)	fasule (f)	[fasúlɛ]

PAÍSES DO MUNDO

99. Países. Parte 1

Português	Albanês	Pronúncia
Afeganistão (m)	Afganistan (m)	[afganistán]
África do Sul (f)	Afrika e Jugut (f)	[afríka ɛ júgut]
Albânia (f)	Shqipëri (f)	[ʃcipərí]
Alemanha (f)	Gjermani (f)	[ɟɛrmaní]
Arábia (f) Saudita	Arabia Saudite (f)	[arabía saudítɛ]
Argentina (f)	Argjentinë (f)	[arɟɛntínə]
Arménia (f)	Armeni (f)	[armɛní]
Austrália (f)	Australia (f)	[australía]
Áustria (f)	Austri (f)	[austrí]
Azerbaijão (m)	Azerbajxhan (m)	[azɛrbajdʒán]
Bahamas (f pl)	Bahamas (m)	[bahámas]
Bangladesh (m)	Bangladesh (m)	[baŋladéʃ]
Bélgica (f)	Belgjikë (f)	[bɛlɟíkə]
Bielorrússia (f)	Bjellorusi (f)	[bjɛɫorusí]
Bolívia (f)	Bolivi (f)	[boliví]
Bósnia e Herzegovina (f)	Bosnje Herzegovina (f)	[bósɲɛ hɛrzɛgovína]
Brasil (m)	Brazil (m)	[brazíl]
Bulgária (f)	Bullgari (f)	[buɫgarí]
Camboja (f)	Kamboxhia (f)	[kambódʒia]
Canadá (m)	Kanada (f)	[kanadá]
Cazaquistão (m)	Kazakistan (m)	[kazakistán]
Chile (m)	Kili (m)	[kíli]
China (f)	Kinë (f)	[kínə]
Chipre (m)	Qipro (f)	[cípro]
Colômbia (f)	Kolumbi (f)	[kolumbí]
Coreia do Norte (f)	Korea e Veriut (f)	[koréa ɛ vériut]
Coreia do Sul (f)	Korea e Jugut (f)	[koréa ɛ júgut]
Croácia (f)	Kroaci (f)	[kroatsí]
Cuba (f)	Kuba (f)	[kúba]
Dinamarca (f)	Danimarkë (f)	[danimárkə]
Egito (m)	Egjipt (m)	[ɛɟípt]
Emirados Árabes Unidos	Emiratet e Bashkuara Arabe (pl)	[ɛmirátɛt ɛ baʃkúara arábɛ]
Equador (m)	Ekuador (m)	[ɛkuadór]
Escócia (f)	Skoci (f)	[skotsí]
Eslováquia (f)	Sllovaki (f)	[sɫovakí]
Eslovénia (f)	Sllovenia (f)	[sɫovɛnía]
Espanha (f)	Spanjë (f)	[spáɲə]
Estados Unidos da América	Shtetet e Bashkuara të Amerikës	[ʃtétɛt ɛ baʃkúara tə amɛríkəs]
Estónia (f)	Estoni (f)	[ɛstoní]

Finlândia (f)	**Finlandë** (f)	[finlándə]
França (f)	**Francë** (f)	[frántsə]

100. Países. Parte 2

Gana (f)	**Gana** (f)	[gána]
Geórgia (f)	**Gjeorgji** (f)	[ɟɛorɟí]
Grã-Bretanha (f)	**Britani e Madhe** (f)	[brítani ɛ máðɛ]
Grécia (f)	**Greqi** (f)	[grɛcí]
Haiti (m)	**Haiti** (m)	[haíti]
Hungria (f)	**Hungari** (f)	[huŋarí]
Índia (f)	**Indi** (f)	[indí]

Indonésia (f)	**Indonezi** (f)	[indonɛzí]
Inglaterra (f)	**Angli** (f)	[aŋlí]
Irão (m)	**Iran** (m)	[irán]
Iraque (m)	**Irak** (m)	[irak]
Irlanda (f)	**Irlandë** (f)	[irlándə]
Islândia (f)	**Islandë** (f)	[islándə]
Israel (m)	**Izrael** (m)	[izraél]

Itália (f)	**Itali** (f)	[italí]
Jamaica (f)	**Xhamajka** (f)	[dʒamájka]
Japão (m)	**Japoni** (f)	[japoní]
Jordânia (f)	**Jordani** (f)	[jordaní]
Kuwait (m)	**Kuvajt** (m)	[kuvájt]

Laos (m)	**Laos** (m)	[láos]
Letónia (f)	**Letoni** (f)	[lɛtoní]

Líbano (m)	**Liban** (m)	[libán]
Líbia (f)	**Libia** (f)	[libía]
Liechtenstein (m)	**Lichtenstein** (m)	[litshtɛnstéin]
Lituânia (f)	**Lituani** (f)	[lituaní]
Luxemburgo (m)	**Luksemburg** (m)	[luksɛmbúrg]

Macedónia (f)	**Maqedonia** (f)	[macɛdonía]
Madagáscar (m)	**Madagaskar** (m)	[madagaskár]

Malásia (f)	**Malajzi** (f)	[malajzí]
Malta (f)	**Maltë** (f)	[máltə]
Marrocos	**Marok** (m)	[marók]
México (m)	**Meksikë** (f)	[mɛksíkə]
Myanmar (m), Birmânia (f)	**Mianmar** (m)	[mianmár]

Moldávia (f)	**Moldavi** (f)	[moldaví]
Mónaco (m)	**Monako** (f)	[monáko]

Mongólia (f)	**Mongoli** (f)	[moŋolí]
Montenegro (m)	**Mali i Zi** (m)	[máli i zí]
Namíbia (f)	**Namibia** (f)	[namíbia]
Nepal (m)	**Nepal** (m)	[nɛpál]
Noruega (f)	**Norvegji** (f)	[norvɛɟí]
Nova Zelândia (f)	**Zelandë e Re** (f)	[zɛlándə ɛ ré]

101. Países. Parte 3

Países (m pl) Baixos	Holandë (f)	[holándə]
Palestina (f)	Palestinë (f)	[palɛstínə]
Panamá (m)	Panama (f)	[panamá]
Paquistão (m)	Pakistan (m)	[pakistán]
Paraguai (m)	Paraguai (m)	[paraguái]
Peru (m)	Peru (f)	[pɛrú]
Polinésia Francesa (f)	Polinezia Franceze (f)	[polinɛzía frantsézɛ]

Polónia (f)	Poloni (f)	[poloní]
Portugal (m)	Portugali (f)	[portugalí]
Quénia (f)	Kenia (f)	[kénia]
Quirguistão (m)	Kirgistan (m)	[kirgistán]
República (f) Checa	Republika Çeke (f)	[rɛpublíka tʃékɛ]
República (f) Dominicana	Republika Dominikane (f)	[rɛpublíka dominikánɛ]
Roménia (f)	Rumani (f)	[rumaní]

Rússia (f)	Rusi (f)	[rusí]
Senegal (m)	Senegal (m)	[sɛnɛgál]
Sérvia (f)	Serbi (f)	[sɛrbí]
Síria (f)	Siri (f)	[sirí]
Suécia (f)	Suedi (f)	[suɛdí]
Suíça (f)	Zvicër (f)	[zvítsər]
Suriname (m)	Surinam (m)	[suɾinám]

Tailândia (f)	Tajlandë (f)	[tajlándə]
Taiwan (m)	Tajvan (m)	[tajván]
Tajiquistão (m)	Taxhikistan (m)	[tadʒikistán]
Tanzânia (f)	Tanzani (f)	[tanzaní]
Tasmânia (f)	Tasmani (f)	[tasmaní]
Tunísia (f)	Tunizi (f)	[tunizí]
Turquemenistão (m)	Turkmenistan (m)	[turkmɛnistán]

Turquia (f)	Turqi (f)	[turcí]
Ucrânia (f)	Ukrainë (f)	[ukraínə]
Uruguai (m)	Uruguai (m)	[uruguái]
Uzbequistão (f)	Uzbekistan (m)	[uzbɛkistán]
Vaticano (m)	Vatikan (m)	[vatikán]
Venezuela (f)	Venezuelë (f)	[vɛnɛzuélə]
Vietname (m)	Vietnam (m)	[viɛtnám]
Zanzibar (m)	Zanzibar (m)	[zanzibár]